改訂版

伊東信夫 著
金子都美絵 絵

白川静文字学に学ぶ

漢字なりたちブック

4年生

太郎次郎社エディタス

この本《ほん》を読《よ》んでくれるみなさんへ

この本《ほん》は、小学校四年生《しょうがっこうよねんせい》でならう漢字《かんじ》二百二字《にひゃくにじ》の、なりたちと使《つか》いかたを説明《せつめい》した本《ほん》です。

漢字《かんじ》は、いまから三千三百年《さんぜんさんびゃくねん》ほどまえに、中国語《ちゅうごくご》をあらわす文字《もじ》として生《う》まれ、以来《いらい》、ずっと生《い》きつづけてきた文字《もじ》です。なにしろ、三千年以上《さんぜんねんいじょう》も生《い》きつづけたのですから、とちゅうでその意味《いみ》をまちがって使《つか》ったこともあります。

しかし、ごく最近《さいきん》、日本《にほん》の漢字学者《かんじがくしゃ》である白川静博士《しらかわしずかはかせ》という人《ひと》が、漢字《かんじ》のもともとの意味《いみ》と、その使《つか》いかたを正確《せいかく》に説明《せつめい》することに成功《せいこう》し、それを、『字統《じとう》』『字訓《じくん》』『字通《じつう》』（平凡社《へいぼんしゃ》）という三冊《さんさつ》の漢字字典《かんじじてん》にのこしてくれました。『漢字《かんじ》なりたちブック』は、その、白川博士《しらかわはかせ》の説明《せつめい》に学《まな》んでつくったものです。

この本《ほん》は、四年生《よねんせい》の漢字《かんじ》を、音読《おんよ》みの五十音順《ごじゅうおんじゅん》にならべてつくってあります。日本《にほん》の漢字字典《かんじじてん》は、日本語《にほんご》の五十音《ごじゅうおん》の順《じゅん》にならべたほうが使《つか》いやすいからです。これも、白川博士《しらかわはかせ》の漢字字典《かんじじてん》のつくりかたに学《まな》んだものです。

このシリーズの「二年生版《にねんせいばん》」「三年生版《さんねんせいばん》」では、同《おな》じ部分《ぶぶん》をもつ漢字《かんじ》に注目《ちゅうもく》することがだいじだよ、という話《はなし》をしました。

四年生《よねんせい》の漢字《かんじ》にも、同《おな》じ部分《ぶぶん》をもつ漢字《かんじ》が多《おお》くでてきます。

たとえば、
愛《あい》・栄《えい》・覚《かく》・挙《きょ》・菜《さい》・戦《せん》・巣《す》・単《たん》・労《ろう》
という漢字《かんじ》には、どの字《じ》のなかにも「ツ」のように書《か》く形《かたち》があります。

「三年生版《さんねんせいばん》」では、「育《いく》・期《き》・祭《さい》・消《しょう》・勝《しょう》・服《ふく》・有《ゆう》」などの字《じ》は、みな「月《つき》」の形《かたち》をもっていながら、ぜんぶが空《そら》の月《つき》の意味《いみ》をあらわしているとはかぎらない、ということを学《まな》びました。

「ツ」の形《かたち》をもつ漢字《かんじ》の場合《ばあい》も、それと同《おな》じことがいえるのでしょうか。

本文《ほんぶん》を見《み》て、考《かんが》えてみてください。

この本《ほん》は、ぜひ、おとうさん、おかあさん、先生《せんせい》がたも見《み》てください。おじいさん、おばあさんも、いっしょにごらんください。

さあ、三千年《さんぜんねん》も生《い》きてきた、漢字《かんじ》の世界《せかい》へでかけましょう。

伊東信夫《いとうしのぶ》

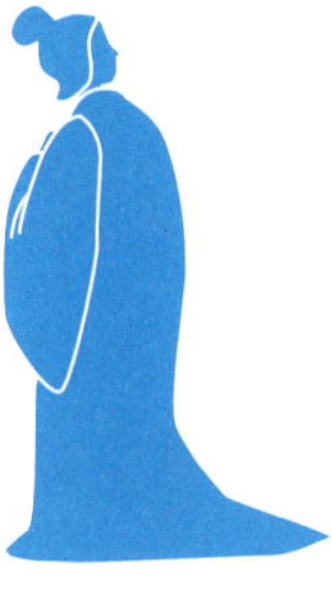

サ

タ

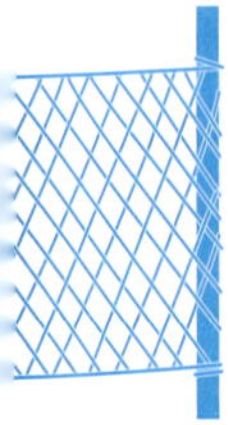
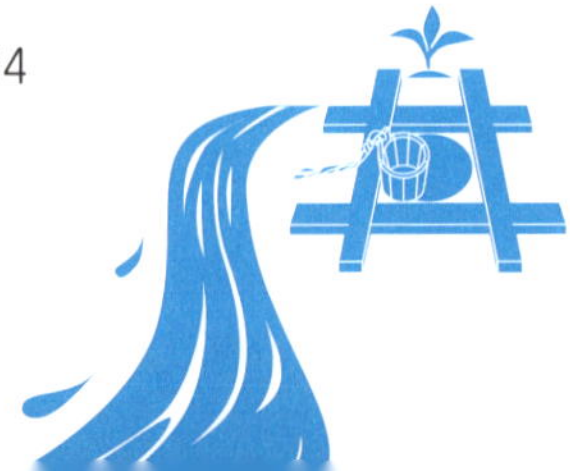
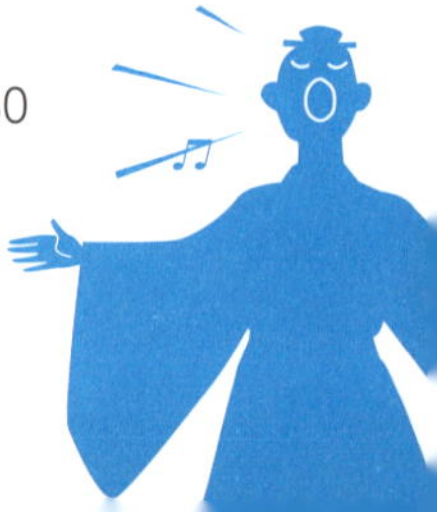

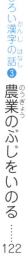

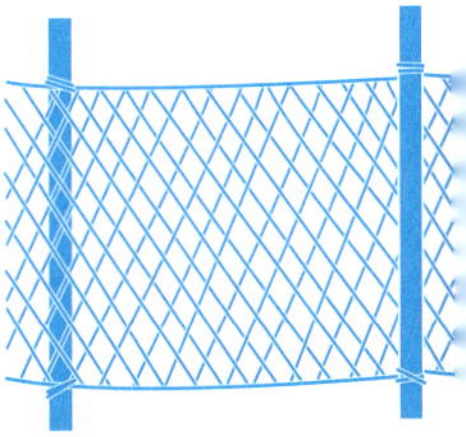

この本《ほん》の見《み》方《かた》

★訓《くん》よみ

★主役《しゅやく》の漢字《かんじ》

★音《おん》よみ

★むかしの漢字《かんじ》
絵《え》のように かいた、むかしの漢字《かんじ》(古代文字《こだいもじ》)。
( )の字《じ》は、いまの漢字《かんじ》のもとの形《かたち》(旧字体《きゅうじたい》)。

★はやわかり となえことば
なりたちをラクラク おぼえられるよ。
声《こえ》にだしてみよう。

★絵《え》
漢字《かんじ》のもとになった、形《かたち》やようすを あらわしているよ。

★なりたち
その漢字《かんじ》のなりたちを せつめいしているよ。
❗マークのところは、つながりのある字《じ》の せつめいや、知《し》っていると やくにたつこと。

★画数《かくすう》

★書《か》きじゅん

★ことばのれい
その漢字《かんじ》が つかわれていることば。

梅 博 阪 飯 飛 必 票 標 不 夫 付

府 阜 富 副 兵 別 辺 変 便 包 法

望 牧 末 満 未 民 無 約 勇 要 養

浴 利 陸 良 料 量 輪 類 令 冷 例

連 老 労 録

小学校4年生で習《なら》う漢字《かんじ》（202字）

愛 案 以 衣 位 茨 印 英 栄 媛 塩

岡 億 加 果 貨 課 芽 賀 改 械 害

街 各 覚 潟 完 官 管 関 観 願 岐

希 季 旗 器 機 議 求 泣 給 挙 漁

共 協 鏡 競 極 熊 訓 軍 郡 群 径

景 芸 欠 結 建 健 験 固 功 好 香

候 康 佐 差 菜 最 埼 材 崎 昨 札

刷 察 参 産 散 残 氏 司 試 児 治

滋 辞 鹿 失 借 種 周 祝 順 初 松

笑 唱 焼 照 城 縄 臣 信 井 成 省

清 静 席 積 折 節 説 浅 戦 選 然

争 倉 巣 束 側 続 卒 孫 帯 隊 達

単 置 仲 沖 兆 低 底 的 典 伝 徒

努 灯 働 特 徳 栃 奈 梨 熱 念 敗

ゆたかな稔《みの》りへのねがい

漢字《かんじ》は、いまからやく三千三百年《さんぜんさんびゃくねん》まえに、中国《ちゅうごく》の、黄河《こうが》という大河《たいが》の中流域《ちゅうりゅういき》あたりで生《う》まれた。

そこは、春夏秋冬《しゅんかしゅうとう》の季節《きせつ》のめぐりがはっきりとした気候《きこう》で、農業《のうぎょう》がさかんにおこなわれ、米《こめ》、きび、あわなどのこくもつも、すでに作《つく》られていた。

人《ひと》びとのねがいは、作物《さくもつ》がぶじに育《そだ》つことだった。大雨《おおあめ》や日《ひ》でり、虫《むし》の害《がい》などに苦《くる》しめられず、豊作《ほうさく》であることをねがった。そして、そのねがいを、さまざまないのりの儀式《ぎしき》や、

祭《まつ》りのかたちであらわした。

四年生《よねんせい》の漢字《かんじ》には、ゆたかなみのりをねがう文字《もじ》が多《おお》い。

年《とし》のはじめなどには、イネが虫《むし》の害《がい》にあわないようにと、農具《のうぐ》のすきをきよめていのった。それをあらわした字《じ》が、「加《か》」や「賀《が》」や「労《ろう》」。「静《せい》」もまた、すきを青丹《せいたん》という鉱《こう》物《ぶつ》できよめる形《かたち》だ。

豊年《ほうねん》をねがう祭《まつ》りには、イネのかぶりものをかぶって、おどった。そのときの子《こ》どものすがたが「季《き》」。

犬《いぬ》をささげものにして、天《てん》の神《かみ》をまつるのが、「然《ぜん》」と「類《るい》」。人《ひと》びとは、天然自然《てんねんしぜん》が順《じゅん》調《ちょう》にめぐることをねがった。

漢字《かんじ》の「音《おん》よみ」と「訓《くん》よみ」

漢字《かんじ》は、中国《ちゅうごく》から日本《にほん》に伝《つた》わってきました。それは、いまから千五百年《せんごひゃくねん》くらいまえのことといわれています。

中国《ちゅうごく》や朝鮮《ちょうせん》から日本《にほん》にやってきた人《ひと》びとが、漢字《かんじ》や、さまざまな技術《ぎじゅつ》を伝《つた》えました。当時《とうじ》の日本《にほん》には、もちろん、ことばはありましたが、それを書《か》きあらわす「文字《もじ》」はありませんでした。そこで、中国語《ちゅうごくご》をあらわす漢字《かんじ》をもとに、日本《にほん》のことばを書《か》きあらわすようにしたのです。

そのとき、漢字《かんじ》を中国語《ちゅうごくご》のままの音《おん》で使《つか》ったり、漢字《かんじ》に同《おな》じ意味《いみ》の日本語《にほんご》をあてはめて使《つか》ったりしました。

	山	川	草	木	
	サン	セン	ソウ	モク	……音よみ
	やま	かわ	くさ	き	……訓よみ

カタカナで書《か》いてあるものは、もともと中国語《ちゅうごくご》での読《よ》みで、これを「音《おん》よみ」といいます。ひらがなで書《か》いたほうは、日本語《にほんご》におきかえた読《よ》みで、「訓《くん》よみ」といいます。

このとき以来《いらい》、日本《にほん》では、漢字《かんじ》の「音《おん》よみ」と「訓《くん》よみ」を自由自在《じゆうじざい》に使《つか》いこなして、いまのような、ゆたかな日本語《にほんご》をつくりあげたのです。

音《おん》よみが「ア行《ぎょう》」の漢字《かんじ》

くんよみ

愛

おんよみ

アイ

むかしのかん字

はやわかり　となえことば

気《き》になって　ふりむくすがたの　愛《あい》の文字《もじ》

なりたち

愛《アイ》のむかしの漢字《かんじ》は、後《うし》ろをふりかえって、立《た》っている人《ひと》のすがただよ。上《うえ》の部分《ぶぶん》がふりむいている顔《かお》で、が心《しん》ぞうの形《かたち》。

立《た》ち去《さ》ろうとしながらも、そこに心《こころ》ひかれる気《き》もちをあらわしている。

そんなふうに心《こころ》をひかれることから、愛《アイ》は、「愛情《あいじょう》」の意味《いみ》に使《つか》われるようになった。

かきじゅん

13画《かく》

ことばのれい

愛犬《あいけん》・愛情《あいじょう》・愛好《あいこう》・愛読《あいどく》・愛用《あいよう》・最愛《さいあい》・親愛《しんあい》・恋愛《れんあい》・愛媛県《えひめけん》

くんよみ

案

おんよみ

アン

はやわかり　となえことば

もともとは つくえをあらわす 案《あん》の文字《もじ》

むかしのかん字

案《アン》は、安《アン》と木《き》とに分《わ》けられる字《じ》。

案《アン》は、さいしょ、あしのある木《き》のつくえをあらわす字《じ》だった。食事《しょくじ》をするためのテーブルだよ。

それがやがて、つくえの上《うえ》ですることをあらわすようになり、そこでものを考《かんが》えたり、計画《けいかく》をたてたりする意味《いみ》に使《つか》われるようになった。「案《あん》をねる」といったりするよ。

安《アン》は、音《おん》をあらわす部分《ぶぶん》。

かきじゅん 10画《かく》

ことばのれい

案内《あんない》・案《あん》の定《じょう》・名案《めいあん》・答案《とうあん》・提案《ていあん》・思案《しあん》・新案《しんあん》・考案《こうあん》・法案《ほうあん》

くんよみ

以

おんよみ

イ

むかしのかん字

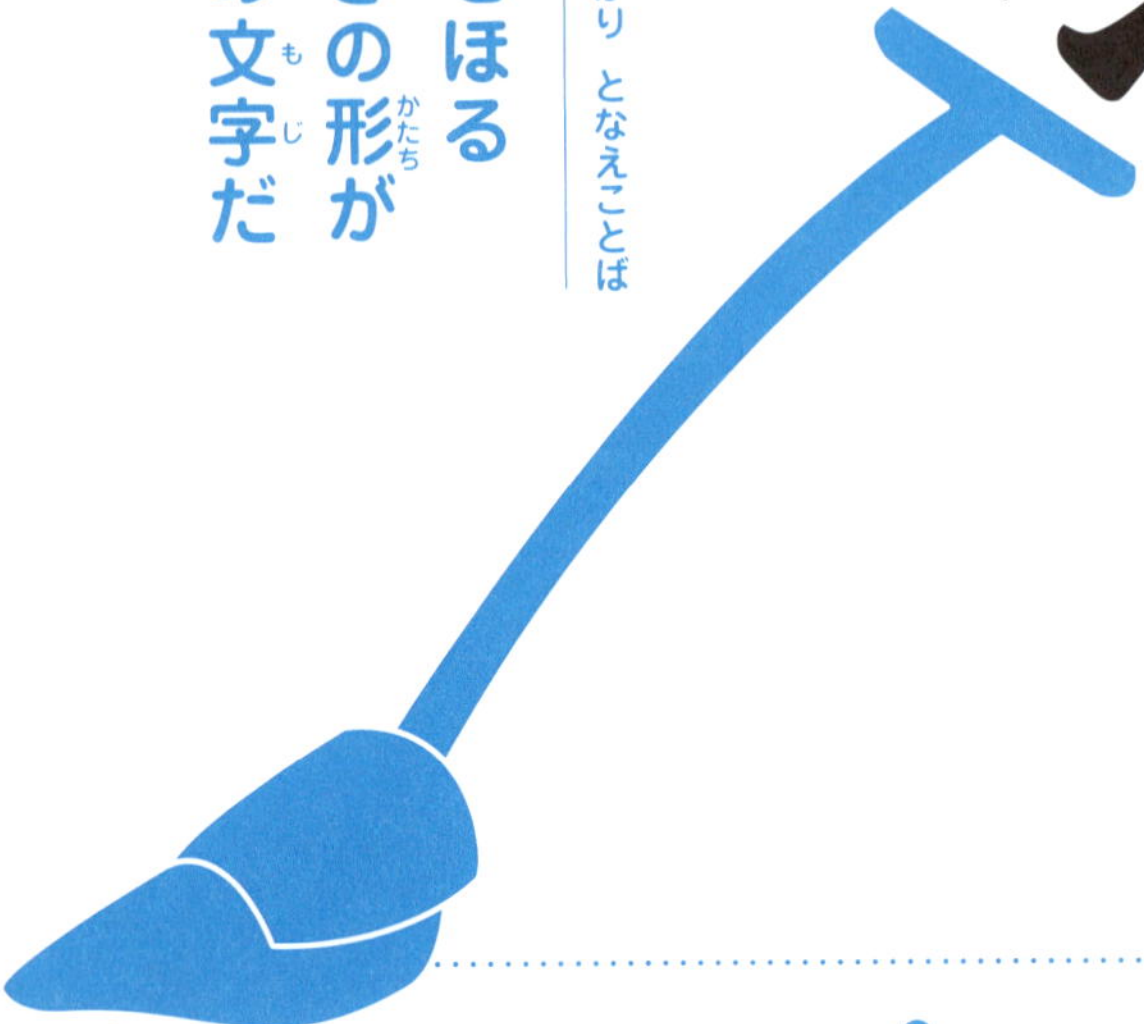

はやわかり　となえことば

土《つち》をほる
すきの形《かたち》が
以《い》の文《も》字《じ》だ

なりたち

以《イ》は、刃《は》の先《さき》が丸《まる》いすき、すきの形《かたち》からできた字《じ》だ。

でも、いまはすきの意味《いみ》に使《つか》われることはなく、「それより上《うえ》」とか、「それより前《まえ》」とか、ある基準《きじゅん》をあらわすのに使《つか》われる。

❗力《りょく》も、土《つち》をほるすきの形《かたち》だけど、以《イ》とはちがう形《かたち》のすきだよ。（30ページを見《み》てね。）

かきじゅん

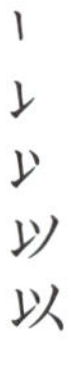

5画《かく》

ことばのれい

以外《いがい》・以内《いない》・以来《いらい》・以上《いじょう》・以下《いか》・以前《いぜん》・以後《いご》・以北《いほく》・以南《いなん》・以心伝心《いしんでんしん》

くんよみ

衣（ころも）

おんよみ

イ

むかしのかん字

はやわかり　となえことば

きもの着《き》た　えりの形《かたち》の衣《ころも》の字《じ》

なりたち

衣《ころも・イ》は、きもののえりの形《かたち》からできた字《じ》。ゆかたのように、えりもとをあわせているよ。

衣《ころも》とは「着《き》るもの」のことだけど、古代中国《こだいちゅうごく》の人《ひと》びとは、衣《ころも》を、命《いのち》をつつんで守《まも》るものと考《かんが》えていた。だから、赤《あか》ちゃんに着《き》せる衣《ころも》は、お守《まも》りのようなものだったんだ。

かきじゅん

丶　亠　ナ　衣　衣　衣

6画《かく》

ことばのれい

衣《ころも》がえ・羽衣《はごろも》・衣服《いふく》・衣料《いりょう》・衣類《いるい》・衣装《いしょう》・衣食住《いしょくじゅう》・脱衣所《だついじょ》・更衣室《こういしつ》

くんよみ　くらい

位

おんよみ　イ

むかしのかん字

はやわかり　となえことば

人《ひと》が立《た》つ
位置《いち》をしめした　位《くらい》だよ

なりたち

位《くらい・イ》は、人《ひと》と立《たーつ》をあわせた字《じ》。立《たーつ》は、手足《てあし》を広《ひろ》げて立《た》つ人《ひと》（大）に地面《じめん》の線《せん》（一）をかいた形《かたち》。「儀式《ぎしき》のときに立《た》つ位置《いち》はここだぞ」としめしているんだ。儀式《ぎしき》では、人《ひと》の位《くらい》（地《ち》位《い》）によって、立《た》つ場所《ばしょ》がきまっていた。

やがて、亻（にんべん）をつけた位《イ》が、立《た》つ位置《いち》と、その人《ひと》の「くらい」をあらわす意味《いみ》に使《つか》われるようになった。

かきじゅん　7画《かく》

ノイ仆仕什位

ことばのれい

百《ひゃく》の位《くらい》・位取《くらいど》り・気位《きぐらい》・位置《いち》・地位《ちい》・順位《じゅんい》・単位《たんい》・方位《ほうい》

くんよみ　いばら

茨

おんよみ　（シ）

むかしのかん字

はやわかり　となえことば

とげのある　植物《しょくぶつ》あらわす　茨《いばら》の字《じ》

なりたち

茨《いばら・シ》は、艹（くさかんむり）と次《ジ》とに分《わ》けられる字《じ》。とげのある植物《しょくぶつ》の「いばら」をあらわす。草《くさ》ぶきの屋根《やね》の意味《いみ》にも使《つか》われる字《じ》だという。

次《ジ》は、ここではシという音《おん》をあらわす役目《やくめ》。

茨《いばら》は、関東《かんとう》の「茨城県《いばらきけん》」や、大阪府《おおさかふ》の「茨木市《いばらきし》」に使《つか》われている字《じ》だよ。

かきじゅん　9画《かく》

一 十 艹 艹 艹 苎 茨 茨 茨

ことばのれい

茨城県《いばらきけん》・茨木市《いばらきし》

印

くんよみ　しるし

おんよみ　イン

むかしのかん字

はやわかり　となえことば

手《て》で人《ひと》をおさえつけてる印《いん》の文字《もじ》

なりたち

印《しるし・イン》は、爪《つめ》と卩(ふしづくり)をあわせた字《じ》。卩は、人《ひと》がひざまずいてすわっている形《かたち》。

ちょっと意外《いがい》かもしれないけれど、印《イン》は、上《うえ》から手《て》(爪)で人《ひと》をおさえつけている形《かたち》なんだ。

上《うえ》からおさえつけることから、おしてつく「はんこ」の印《いん》をあらわす字《じ》になった。

かきじゅん

6画《かく》

ことばのれい

目印《めじるし》・矢印《やじるし》・旗印《はたじるし》・印刷《いんさつ》・印字《いんじ》・印象《いんしょう》・印鑑《いんかん》・消印《けしいん》・実印《じついん》

くんよみ

英

おんよみ

エイ

むかしのかん字

はやわかり　となえことば

さきほこる
美《うつく》しい花《はな》
英《えい》の文字《もじ》

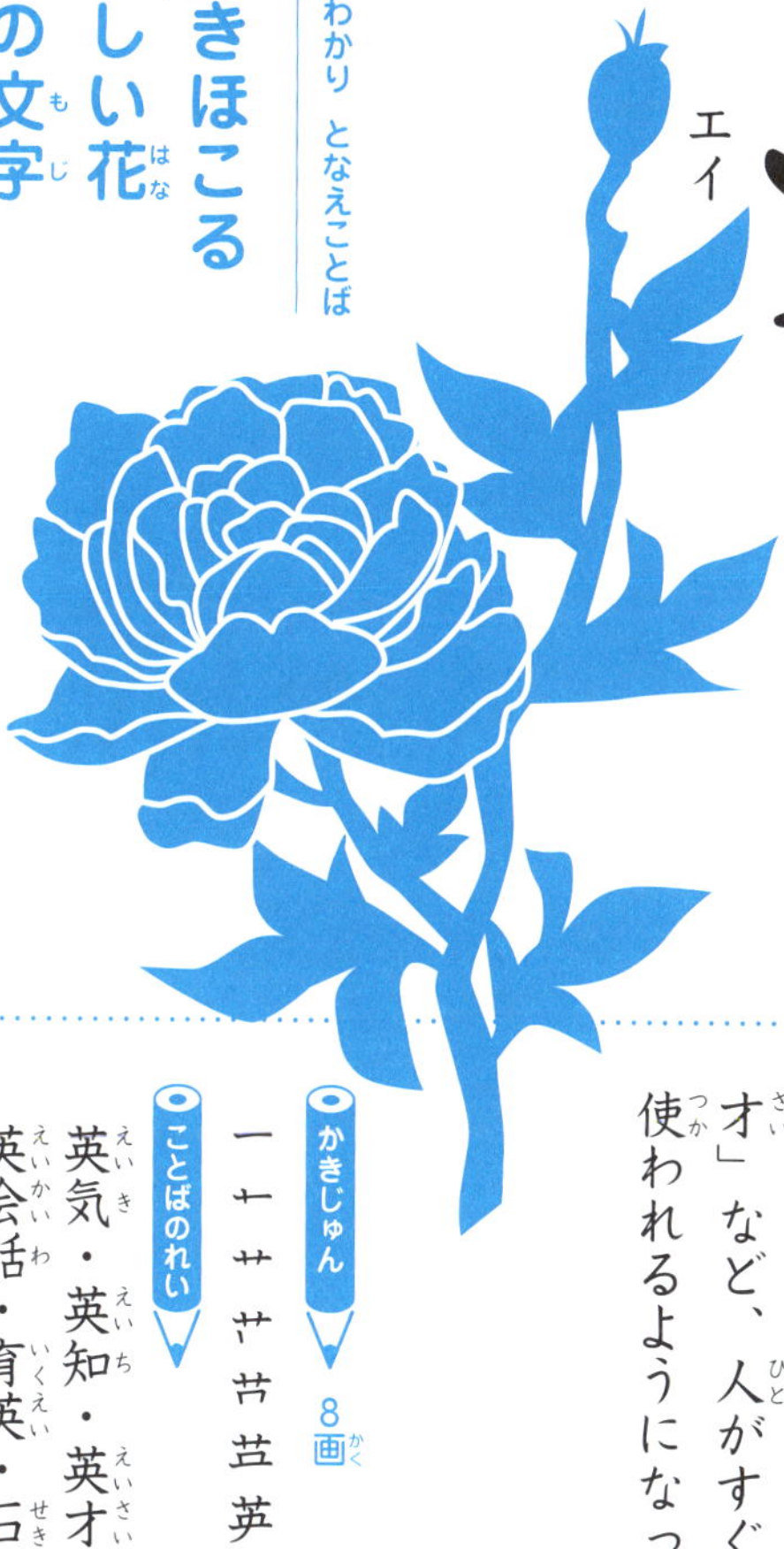

なりたち

英《エイ》はもともと、美《うつく》しくさいた花《はな》をあらわす字《じ》だった。だから、くさかんむりなんだね。
さかんにさきほこる花《はな》には、いきおいがある。そこから、「英雄《えいゆう》」や「英《えい》才《さい》」など、人《ひと》がすぐれていることにも使《つか》われるようになった。

かきじゅん　8画《かく》

一 十 艹 艹 节 苎 茁 英

ことばのれい

英気《えいき》・英知《えいち》・英才《えいさい》・英雄《えいゆう》・英語《えいご》・英会話《えいかいわ》・育英《いくえい》・石英《せきえい》・和英辞典《わえいじてん》

くんよみ　さか-える・（は-え）

栄

おんよみ　エイ

むかしのかん字

（榮）

はやわかり　となえことば

かがり火《び》が
もえさかる
ように
栄《さか》えるよ

なりたち

栄《さかーえる・エイ》のもとの字《じ》は榮で、火《ひ》がふたつある形《かたち》だった。この火《ひ》は、庭《にわ》をてらす「かがり火《び》」をあらわしている。木《き》がおいしげる夜《よる》の庭《にわ》をかがり火《び》がてらす。そのようすは、たいそうはなやいでいたのだろう。
栄《エイ》は、さかえること、いきおいのさかんなことをあらわす字《じ》になった。

かきじゅん　9画《かく》

丶 丷 ⺍ ⺍ 𭕄 𭕄 学 学 栄

ことばのれい

見栄《みば》え・栄光《えいこう》・栄養《えいよう》・栄転《えいてん》・光栄《こうえい》・繁栄《はんえい》・見栄《みえ》・共存共栄《きょうぞんきょうえい》

くんよみ

媛（ひめ）

おんよみ

エン

むかしのかん字

はやわかり　となえことば

うつくしい　女《おんな》のひとだ
ひめの媛《エン》

なりたち

媛《ひめ・エン》は、女（おんなへん）に爰《エン》（爰）と書《か》く字《じ》。女性《じょせい》の「ひめ」のこと。もともとは、巫女《みこ》さんのしなやかなすがたをあらわした字《じ》だという。爰《エン》は、エンという音《おん》をあらわす部分《ぶぶん》だけど、爰《エン》には「引《ひ》く」という意味《いみ》がある。

それで媛《エン》は、心《こころ》ひかれる美《うつく》しい女《おんな》の人《ひと》の意味《いみ》に使《つか》われる。

かきじゅん

12画《かく》

ことばのれい

愛媛県《えひめけん》・才媛《さいえん》

くんよみ

塩

しお

おんよみ

エン

むかしのかん字

（鹽）

はやわかり　となえことば

むかしから
塩《しお》は料理《りょうり》に
かかせない

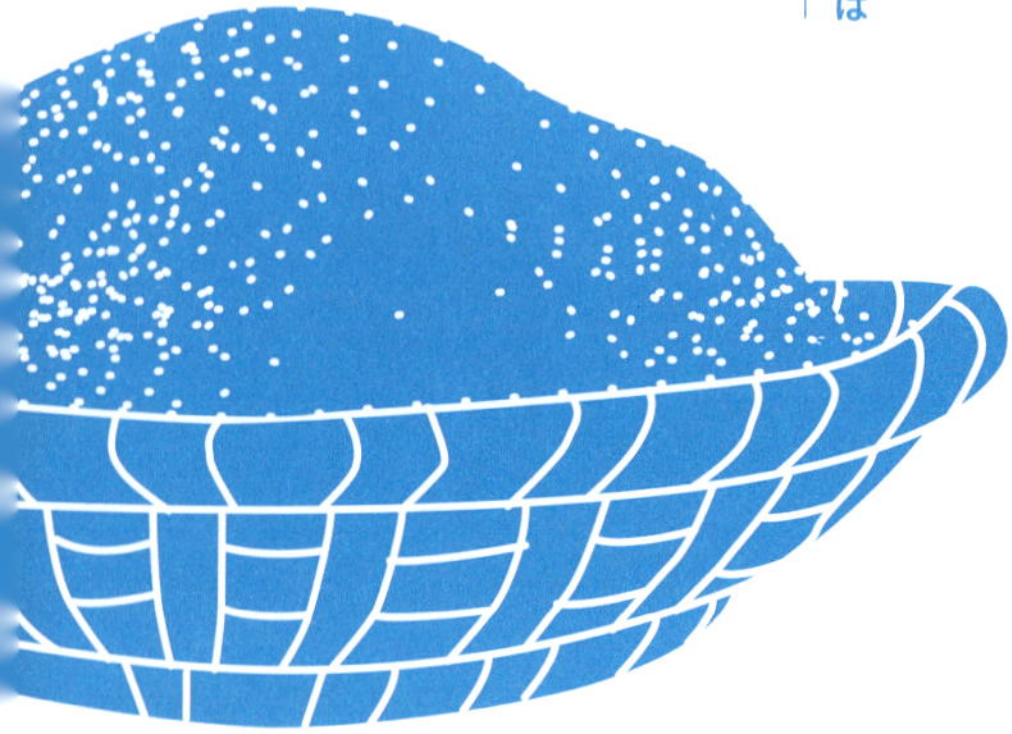

なりたち

塩《しお》とは、もちろん、しょっぱい「しお」のこと。

塩《しお・エン》の、もとの字《じ》は鹽。鹵《ろ》という形《かたち》があるのがわかるかな。鹵《ろ》（→）は、ざるに塩《しお》をもった形《かたち》。

むかしから、塩《しお》は人間《にんげん》にとってたいせつなもので、食《た》べものを保存《ほぞん》するのに使《つか》ったり、税《ぜい》としておさめたり、祭《まつ》りに使《つか》われたりした。

かきじゅん　13画《かく》

一 十 土 … 塩

ことばのれい

塩気《しおけ》・塩水《しおみず》・塩分《えんぶん》・塩田《えんでん》・塩素《えんそ》・塩酸《えんさん》・食塩《しょくえん》・岩塩《がんえん》

くんよみ

岡

おか

おんよみ

（コウ）

むかしのかん字

はやわかり　となえことば

火《ひ》をつかい　鋳物《いもの》をつくる　岡《おか》の文字《もじ》

なりたち

岡《おか・コウ》の、むかしの漢字《かんじ》を見《み》てごらん。
网は、金属《きんぞく》の器《うつわ》をつくるための鋳型《いがた》。
その下《した》の山は、山《やま》の形《かたち》だけど、もとは
火《ひ》だった。
粘土《ねんど》でつくった鋳型《いがた》を焼《や》きかためて、
そこに、熱《ねつ》でとかした金属《きんぞく》を注《そそ》ぎこむ。
岡《おか》は、鋳型《いがた》（网）と火《ひ》で鋳物《いもの》をつくる
ことをあらわした字《じ》だ。
岡《おか》はやがて、赤土《あかつち》の山《やま》をあらわすよ
うになり、いまは「おか」の意味《いみ》に使《つか》
われる。

かきじゅん　8画《かく》

丨 冂 冂 冂 円 円 罔 岡

ことばのれい

岡山県《おかやまけん》・静岡県《しずおかけん》・福岡県《ふくおかけん》

くんよみ

億

おんよみ

オク

はやわかり　となえことば

にんべんに
意《い》の字《じ》をかいて
一億《いちおく》の億《おく》

むかしのかん字

なりたち

億《オク》は、亻（にんべん）と意《イ》とに分《わ》けられる字《じ》だよ。

意《イ》のなりたちは、神《かみ》のお告《つ》げの意味《いみ》を考《かんが》えること。（意《イ》は、音《おと》＋心《こころ》だよ。）

億《オク》はさいしょ、意《イ》と同《おな》じ意味《いみ》で使《つか》われる字《じ》だった。それがやがて、大《おお》きな数《かず》をあらわす字《じ》になった。

かきじゅん　15画《かく》

ノ 亻 亻 亻 亻 亻 亻 亻 倍 倍 倍 倍 億 億 億

ことばのれい

億万《おくまん》・一億円《いちおくえん》・億兆《おくちょう》・巨億《きょおく》

音《おん》よみが「カ行《ぎょう》」の漢字《かんじ》

おもしろい漢字《かんじ》の話《はなし》❶

田《た》畑《はた》をたがやす

命《いのち》をささえる食《た》べものを作《つく》るため、田《た》畑《はた》をたがやし、作物《さくもつ》を育《そだ》てる。力《りょく》は、たがやす道具《どうぐ》の「すき」の形《かたち》からできた字《じ》だ。力《りょく》の形《かたち》をもつ漢字《かんじ》がたくさんあるよ。

（❶～❹は、習《なら》う学年《がくねん》）

❶ 男《おとこ》

田《た》んぼですき（力）を使《つか》ってはたらく人《ひと》。

❹ 勇《いさ——む》

井《い》戸《ど》水《みず》がわきでるように、たがやす力《ちから》がわきでること。

勉《べん》 ❸

免《めん》＋力《りょく》。力《ちから》をこめて農作《のうさ》業《ぎょう》につとめること。

動《うご》く ❸ 働《はたら》く ❹

体《からだ》を動《うご》かして、田畑《たはた》ではたらくこと。働《どう》は、日本《にほん》で作《つく》られた漢字《かんじ》。

努《つと》める ❹

奴《ど》＋力《りょく》。田畑《たはた》のしごとにつとめる（努力《どりょく》する）こと。

協《きょう》 ❹

力《ちから》をあわせてたがやすこと。

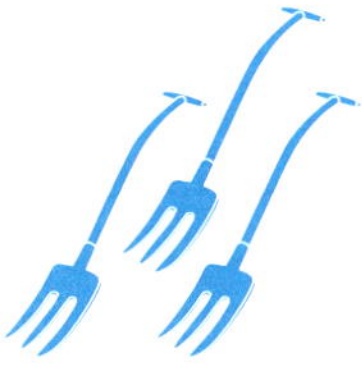

助《たす》ける ❸

且《そ》（草《くさ》かりの道具《どうぐ》）＋力《りょく》。どちらも農作業《のうさぎょう》を助《たす》けるものだ。

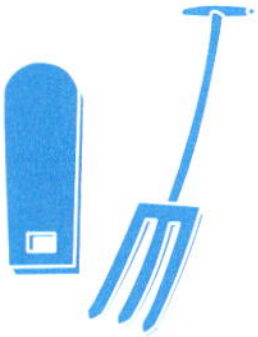

功《こう》 ❹

工《こう》＋力《りょく》。農作業《のうさぎょう》でのてがらをあらわす字《じ》。

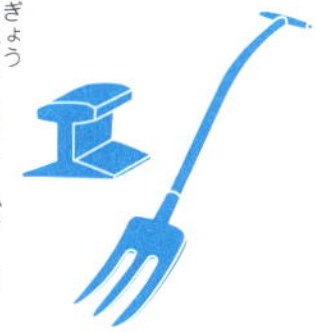

くんよみ　くわ-える

加

おんよみ　カ

はやわかり　となえことば

すきをきよめて
豊作《ほうさく》いのる
ぎしきが加《か》

むかしのかん字

なりたち

加《くわ-える・カ》は、力《りょく》と口《こう》。たがやす道具《どうぐ》のすき（力）に、いのりのことばを入《い》れるうつわ（口《サイ》）をそえた形《かたち》だよ。

むかしの人《ひと》は、年《とし》の始《はじ》めにすきをきよめる儀式《ぎしき》をして、一年《いちねん》の豊作《ほうさく》をねがった。加《カ》は、その儀式《ぎしき》をあらわした字《じ》。作物《さくもつ》がたくさんとれることを願《ねが》ったので、加《カ》は、「くわえる」「ふえる」という意味《いみ》に使《つか》われる。

かきじゅん　5画《かく》

フ カ か 加 加

ことばのれい

加速《かそく》・加熱《かねつ》・加工《かこう》・加筆《かひつ》・加入《かにゅう》・加減乗除《かげんじょうじょ》・増加《ぞうか》・参加《さんか》・追加《ついか》

くんよみ　はーたす・はーて

果

おんよみ　カ

むかしのかん字

はやわかり　となえことば

木《き》の上《うえ》に
実《み》がなっている
果《か》の文字《もじ》だ

なりたち

果《はーたす・カ》は、木《き》になった果実《かじつ》（木《き》の実《み》やくだもの）の形《かたち》からできた字《じ》だ。むかしの漢字《かんじ》を見《み》ると、よくわかるよ。

木《き》が育《そだ》ち、花《はな》がさいて、それが実《み》になる。そうやって花《はな》が実《み》をむすぶことは、ものごとの結果《けっか》だね。それで果《カ》は、「結果《けっか》」「果《は》たす」という意味《いみ》にも使《つか》われる。

かきじゅん　8画《かく》

丨 冂 日 日 旦 甲 果 果

ことばのれい

果《は》たしあい・果《は》て・果実《かじつ》・果肉《かにく》・青果《せいか》・成果《せいか》・結果《けっか》

くんよみ

貨

おんよみ

カ

むかしのかん字

はやわかり　となえことば

たからの貝《かい》と
化《か》の字《じ》を
あわせて
おかねの貨《か》

なりたち

貨《か》は、お金《かね》やたからをあらわす字《じ》。化《か》と貝《かい》とに分《わ》けられるよ。貝《かい》はむかし、お金《かね》としても使《つか》われた。化《か》は、音《おん》をあらわす部分《ぶぶん》。

！お金《かね》の貝《かい》のつく漢字《かんじ》には、こんな字《じ》もあるよ。
買《か》う、負《お》う、貸《か》す、貧《まず》しい、費《つい》やす。
貯金《ちょきん》の貯《ちょ》、財宝《ざいほう》の財《ざい》、貴重品《きちょうひん》の貴《き》。

かきじゅん　11画《かく》

ことばのれい

貨物《かもつ》・貨車《かしゃ》・金貨《きんか》・硬貨《こうか》・通貨《つうか》

くんよみ

課

おんよみ

カ

はやわかり　となえことば

仕事《しごと》や役目《やくめ》を
わけあうことが
課《か》という字《じ》

むかしのかん字

なりたち

課《か》は、役所《やくしょ》や会社《かいしゃ》の仕事《しごと》の分担《ぶんたん》をあらわすのに使《つか》われる字《じ》で、「○○課《か》」とか、「課長《かちょう》」とかいったりする。

言（ごんべん）と、果実《かじつ》の果《か》で、課《か》。くだものの実《み》は、なかが部屋《へや》のように分《わ》かれているのがある。それで課《か》は、仕事《しごと》や役目《やくめ》を分《わ》けあうことに使《つか》われるようになったのだろう。

! 果《か》のなりたちは、33ページを見《み》てね。

かきじゅん　15画《かく》

課

ことばのれい

課題《かだい》・課外《かがい》・課税《かぜい》・課長《かちょう》・日課《にっか》

くんよみ　め

芽

おんよみ　ガ

むかしのかん字

はやわかり　となえことば

草木《くさき》の芽《め》
まるで小《ちい》さな牙《きば》のよう

なりたち

芽《め・ガ》は、草木《くさき》の「め」。艹（くさかんむり）に牙《ガ》とかく字《じ》だよ。
牙《ガ》の訓《くん》よみは「きば」。けもののきばは、とがって、ちょっと曲《ま》がっている。そして、とても強《つよ》い。草木《くさき》の芽《め》も、小《ちい》さいけれど同《おな》じような形《かたち》をしていて、力強《ちからづよ》く生《は》えでてくるものだ。だから、牙《ガ》にくさかんむりをつけて、草木《くさき》の芽《め》をあらわしたんだね。

かきじゅん　8画《かく》

ことばのれい

芽《め》ばえ・新芽《しんめ》・若芽《わかめ》・発芽《はつが》・萌芽《ほうが》

くんよみ

賀

おんよみ　ガ

はやわかり　となえことば

貝《かい》をそなえて　豊作《ほうさく》をねがう　ぎしきが賀《が》

むかしのかん字

なりたち

賀《ガ》は、「年賀《ねんが》」の賀《ガ》だね。加《か》と貝《かい》をあわせた形《かたち》だよ。

加《か》は、一年《いちねん》の豊作《ほうさく》を願《ねが》う儀式《ぎしき》をあらわした字《じ》。農具《のうぐ》のすき（力）に、口（𠙵《サイ》＝いのりのことばを入《い》れる器《うつわ》）をそえている。（加《か》のなりたちは32ページに。）

貝《かい》は、お金《かね》に使《つか》われた宝《たから》の貝《かい》。

その貝《かい》をそなえて、豊作《ほうさく》をいのる形《かたち》が賀《ガ》。賀《ガ》は、「いわう」「よろこぶ」という意味《いみ》に使《つか》われる字《じ》だ。

かきじゅん　12画

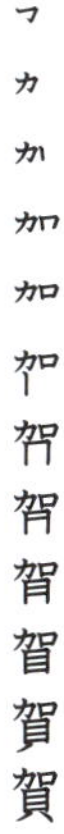

ことばのれい

賀正《がしょう》・賀春《がしゅん》・年賀状《ねんがじょう》・祝賀《しゅくが》・参賀《さんが》

改

くんよみ　あらた-める

おんよみ　カイ

むかしのかん字

はやわかり　となえことば

わざわいを　打《う》って　はらって　改《あらた》める

なりたち

改《あらた-める・カイ》のもとの字は攺で、へびの形《かたち》の巳《し》（巳）があったんだ。攵（むちづくり）は、ものを打《う》ちつける形《かたち》だよ。

古代《こだい》には、のろいをとくためのまじないがいろいろあった。へびや虫《むし》を打《う》ちつけるのも、そのひとつ。

改《カイ》のもともとの意味《いみ》は、へびの形《かたち》の生《い》きものを打《う》って、たたりをはらいきよめて「改《あらた》める」こと。

かきじゅん　7画《かく》

フ　コ　己　己　己　改　改

ことばのれい

改正《かいせい》・改良《かいりょう》・改悪《かいあく》・改定《かいてい》・改造《かいぞう》・改行《かいぎょう》・改札《かいさつ》・改心《かいしん》

くんよみ

械

おんよみ

カイ

むかしのかん字

はやわかり　となえことば

くみたてて　うごかす機械《きかい》の　械《かい》の字《じ》だ

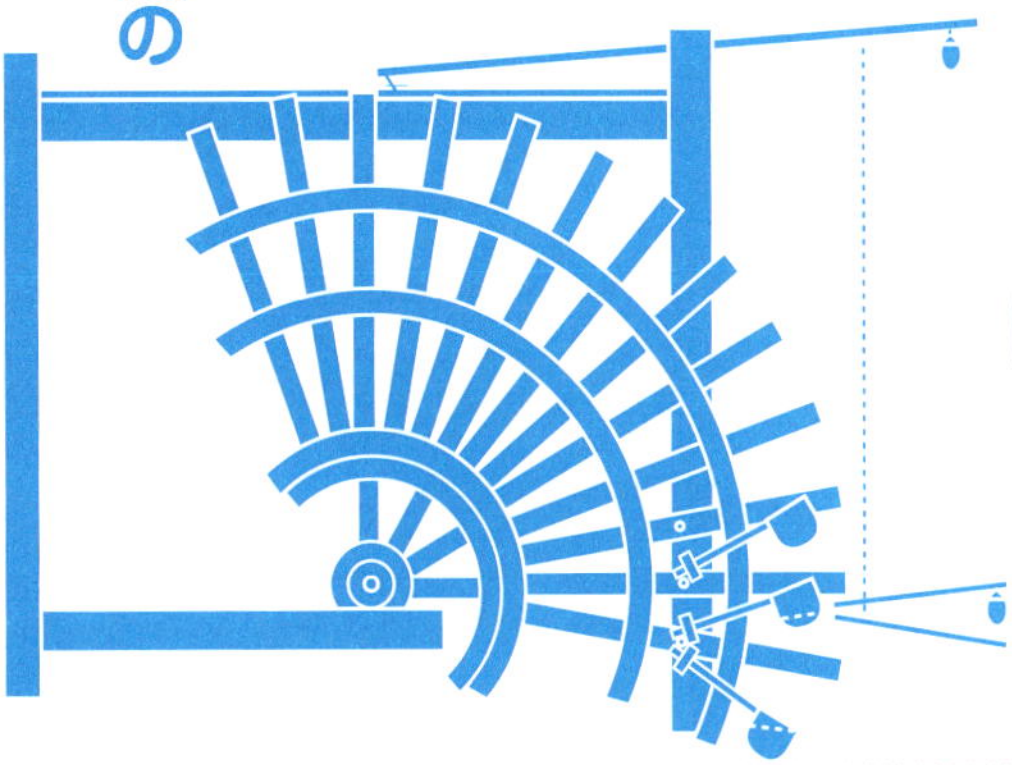

なりたち

械《カイ》は、「機械《きかい》」の械《カイ》だね。木（きへん）と戒《カイ》の字《じ》だよ。

械《カイ》は、いろいろな動《うご》きやはたらきをする道具《どうぐ》（からくり）をあらわす字《じ》。でも、さいしょは、いろいろな武器《ぶき》をあらわす字《じ》だったという。戒《カイ》は、戈（ほこ）を両手《りょうて》（・廾）でもつ形《かたち》なんだ。

かきじゅん　11画《かく》

一　十　才　木　杧　杧　杧　械　械　械　械

ことばのれい

機械《きかい》・器械《きかい》

くんよみ

害

おんよみ ガイ

むかしのかん字

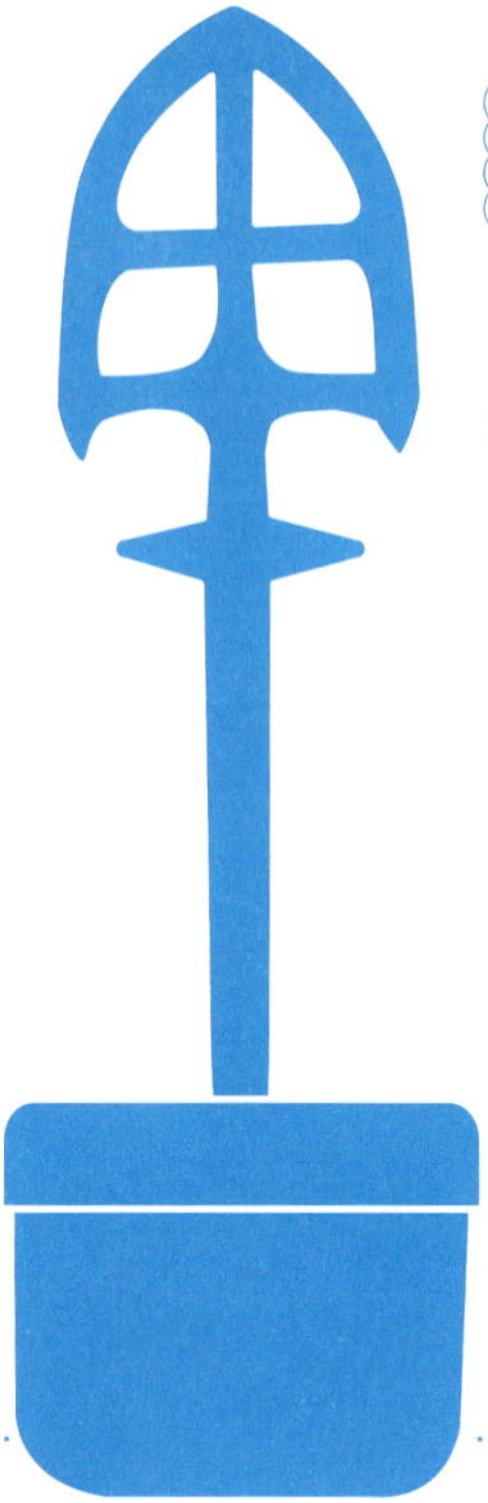

はやわかり となえことば

大《おお》きなはりで 𠙵《サイ》のいのりをじゃまする害《がい》

なりたち

害《ガイ》の、むかしの漢字《かんじ》を見《み》てごらん。

いのりのことばを入《い》れたうつわの𠙵《サイ》に、とってのある大《おお》きなはりを、グサッとつきさしている形《かたち》なんだ。𠙵《サイ》をきずつけて、いのりの力《ちから》を失《うしな》わせ、願《ねが》いがかなうのをじゃますることをあらわしている。

それが、害《ガイ》のなりたち。

かきじゅん

10画《かく》

ことばのれい

害虫《がいちゅう》・公害《こうがい》・災害《さいがい》・水害《すいがい》・加害《かがい》・被害《ひがい》・妨害《ぼうがい》・無害《むがい》・有害《ゆうがい》・利害《りがい》

くんよみ　まち

街

おんよみ　ガイ・（カイ）

はやわかり　となえことば

行《こう》は十字路《じゅうじろ》
街路《がいろ》が
ゆきかう
にぎやかな街《まち》

むかしのかん字

なりたち

街《まち・ガイ》は、行（ぎょうがまえ）と圭《ケイ》とに分《わ》けられる字《じ》。

行《こう》は、道《みち》の四《よ》つ角《かど》の形《かたち》。

圭《ケイ》は、四角《しかく》い土《つち》の板《いた》をならべた形《かたち》で、ここでは、区画《くかく》（くぎられた土地《とち》）をあらわしている。

街《ガイ》は、いまでいえば、舗装《ほそう》された道路《どうろ》の四《よ》つ角《かど》。道《みち》が四方《しほう》に通《つう》じている、にぎやかな「まち」をあらわす字《じ》。

かきじゅん　12画《かく》

ノ　ク　彳　…　街

ことばのれい

街角《まちかど》・街路《がいろ》・街頭《がいとう》・街道《かいどう》・市街《しがい》・住宅街《じゅうたくがい》・商店街《しょうてんがい》

くんよみ
（おのおの）

おんよみ
カク

各

むかしのかん字

はやわかり　となえことば

各《かく》の字《じ》は天《てん》から神《かみ》のおりたつ形《かたち》

なりたち

各《カク》の字《じ》の夂（夂）は、下向《したむ》きの足《あし》の形《かたち》なんだ。

口《こう》は、いのりのことばを入《い》れるうつわの𠙵《サイ》。𠙵《サイ》の上《うえ》に、おりてくる足《あし》（夂）があるのが各《カク》だ。

いのりにこたえて、神《かみ》が天《てん》からおりてくることをあらわしている。

一人《ひとり》だけの神《かみ》がおりてくる形《かたち》が各《カク》で、多《おお》くの神《かみ》がおりてくるのは皆《カイ》。

各《カク》は、「各自《かくじ》」（ひとりひとり）という意味《いみ》に使《つか》われる字《じ》。

かきじゅん　6画《かく》

ノ　ク　夂　夂　各　各

ことばのれい

各自《かくじ》・各人《かくじん》・各地《かくち》・各国《かっこく》・各所《かくしょ》

くんよみ おぼ-える・さ-める

覚

おんよみ カク

むかしのかん字

（覺）

はやわかり となえことば

目《め》が覚《さ》めて いろんな ものが よく見《み》える

なりたち

覚《さ-める・カク》の、もとの字《じ》は覺。上《うえ》の部分《ぶぶん》の𦥯は、学《ガク》（學）の字《じ》と同《おな》じで、むかしの校舎《こうしゃ》をあらわしている。𦥯に見《み-る》をあわせた覚《カク》（覺）は、「めざめること」や「さとること」をあらわした字《じ》だ。「おぼえる」というのは、日本《にほん》での使《つか》われかた。

❗むかしの漢字《かんじ》をくらべてみよう。

覚《カク》（覺）

学《ガク》（學）

かきじゅん

12画《かく》

ことばのれい

見覚《みおぼ》え・目覚《めざ》め・覚悟《かくご》・感覚《かんかく》・自覚《じかく》

くんよみ かた

潟

おんよみ （セキ）

はやわかり となえことば

しおがひき　あらわれた土地《とち》

ひがたの潟《かた》

なりたち

潟《かた・セキ》は、海《うみ》の潮《しお》がひいたときにあらわれる「ひがた」という意味《いみ》の字《じ》だ。遠《とう》浅《あさ》の海辺《うみべ》の、砂地《すなち》のところだね。

潟《かた》は、氵（さんずい）と舄《セキ》。

舄《セキ》は、古代《こだい》、儀式《ぎしき》のときに身《み》につけた、かざりのついたぬいぐつの形《かたち》。でも、ここでは、ただセキという音《おん》をあらわすだけの役目《やくめ》。

潟《かた》は、海《うみ》のそばにある湖《みずうみ》や沼《ぬま》の名前《なまえ》にも使《つか》われる。

かきじゅん　15画《かく》

潟

ことばのれい

新潟県《にいがたけん》・干潟《ひがた》・潟湖《せきこ》

くんよみ

完

おんよみ　カン

むかしのかん字

はやわかり　となえことば

いくさから　ぶじに帰《かえ》って　おまいりする完《かん》

なりたち

完《カン》は、宀（うかんむり）と元《げん》だよ。宀はやねの形《かたち》で、先祖《せんぞ》をまつるたてもの（お宮《みや》）をあらわす。元《げん》のもともとの意味《いみ》は、首《くび》。完《カン》は、首《くび》をとられずに戦争《せんそう》から帰《かえ》ったと、先祖《せんぞ》に報告《ほうこく》することをあらわした字《じ》だ。

かきじゅん　7画《かく》

ことばのれい

完全《かんぜん》・完成《かんせい》・完走《かんそう》・完投《かんとう》・完治《かんち》・完了《かんりょう》・未完《みかん》

くんよみ

官

おんよみ

カン

はやわかり　となえことば

軍隊《ぐんたい》がおそなえの肉《にく》をまつる官《かん》

むかしのかん字

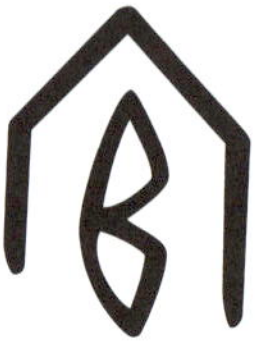

なりたち

古代《こだい》の戦争《せんそう》は、戦場《せんじょう》でも、先祖《せんぞ》をまつりながら戦《たたか》った。
官《カン》は、先祖《せんぞ》をまつるお宮《みや》（宀）のなかに、おそなえの肉《にく》（）がある形《かたち》。
官《カン》はもともと、戦場《せんじょう》で肉《にく》をまつった神聖《しんせい》なたてものをあらわした。それが、軍《ぐん》の将軍《しょうぐん》や大将《たいしょう》（将官《しょうかん》）をあらわすようになった。

かきじゅん　8画《かく》

丶 丷 宀 宀 宀 宀 官 官

ことばのれい

官庁《かんちょう》・官房長官《かんぼうちょうかん》・器官《きかん》・五官《ごかん》・警官《けいかん》・裁判官《さいばんかん》

くんよみ　くだ

管

おんよみ　カン

むかしのかん字

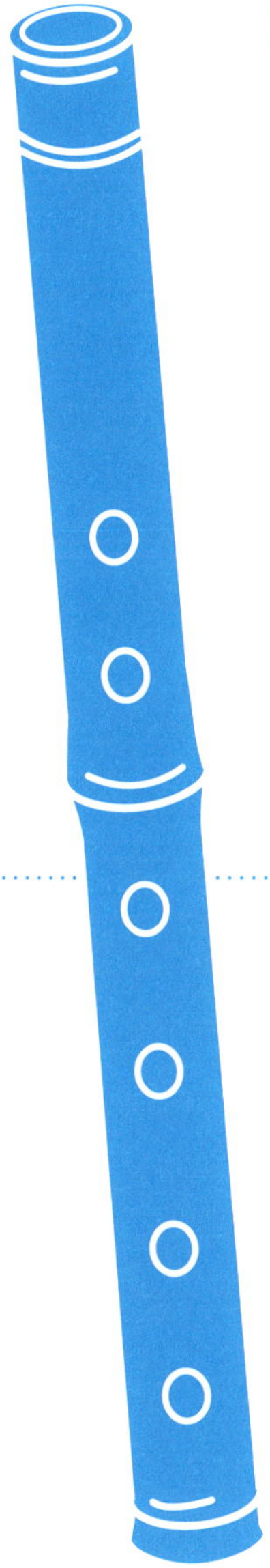

はやわかり　となえことば

管《くだ》のような
竹《たけ》で作《つく》った楽器《がっき》が管《かん》

なりたち

管《くだ・カン》は、竹（たけかんむり）と官《カン》とに分《わ》けられる字《じ》。
官《カン》は、ここでは、ただカンという音《おん》をあらわすだけの役目《やくめ》。
管《カン》は、竹《たけ》でできた細長《ほそなが》い「くだ」の楽器《がっき》をあらわす字《じ》。ふえのことだね。

かきじゅん　14画《かく》

ことばのれい

管楽器《かんがっき》・管理《かんり》・血管《けっかん》・水道管《すいどうかん》・保管《ほかん》

関

くんよみ　せき・かか-わる

おんよみ　カン

むかしのかん字

（關）

はやわかり　となえことば

かんぬきを
とおして
門《もん》を
しめる関《かん》

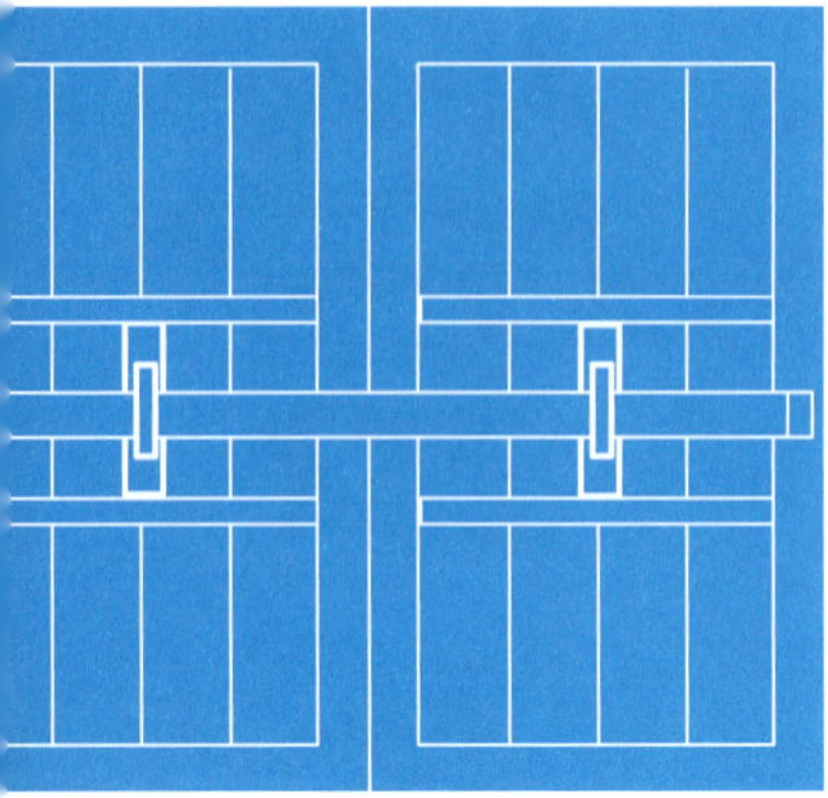

なりたち

関《せき・カン》の、もとの字《じ》は關。
むかしの漢字《かんじ》は、門《もん》のなかに、
がある形《かたち》。は、門《もん》を内《うち》がわからし
めるかんぬき（かぎ）の形《かたち》だよ。
関《カン》のもともとの意味《いみ》は、かんぬきを
通《とお》して門《もん》をとじること。

かきじゅん　14画《かく》

ことばのれい

関所《せきしょ》・大関《おおぜき》・関係《かんけい》・関連《かんれん》・関心《かんしん》・
関門《かんもん》・関節《かんせつ》・関西《かんさい》・関東《かんとう》

くんよみ

観（みーる）

おんよみ

カン

むかしのかん字

（觀）

はやわかり　となえことば

鳥《とり》を見《み》て　うらなうことから　できた観《かん》

なりたち

観《カン》の、むかしの漢字《かんじ》を見《み》てごらん。左《ひだり》がわの雚は、頭《あたま》に毛角《けづの》のある鳥《とり》のすがた。それに見《みーる》をあわせたのが、観《カン》（觀）の字だ。

むかしの人《ひと》は、鳥《とり》を見《み》て、さまざまなことをうらなった。鳥《とり》のようすから、いろいろ見《み》きわめることを観《カン》といった。

かきじゅん　18画《かく》

ノ … 観

ことばのれい

観光《かんこう》・観客《かんきゃく》・観察《かんさつ》・観戦《かんせん》・天体観測《てんたいかんそく》・外観《がいかん》・客観《きゃっかん》・主観《しゅかん》・楽観《らっかん》

くんよみ　ねが-う

願

おんよみ　ガン

むかしのかん字

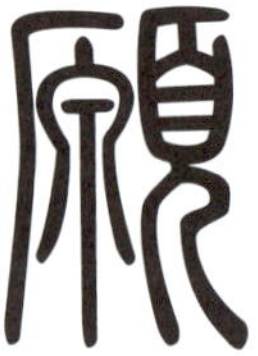

はやわかり　となえことば

つつしんで　頭《あたま》を下《さ》げて　願《ねが》いごと

なりたち

願《ねがーう・ガン》は、「ねがう」という意味《いみ》の字《じ》だ。原《ゲン》と頁（おおがい）とに分《わ》けられるよ。頁（おおがい）は、おがむ人《ひと》のすがたを横《よこ》から見《み》た形《かたち》。原《ゲン》は、ここでは、音《おん》をあらわすだけの役目《やくめ》。（ゲンがガンにかわったんだ。）願《ガン》は、願《ねが》いがかなうように、おがむことからできた字《じ》。

かきじゅん　19画《かく》

一 厂 厂 厂 厈 盾 盾 原 原 原 原 原 原 願 願 願 願 願 願

ことばのれい

願《ねが》い事《ごと》・願望《がんぼう》・願書《がんしょ》・志願《しがん》・念願《ねんがん》

岐

くんよみ

おんよみ　キ

はやわかり　となえことば

山《やま》のなか
わかれ道《みち》だよ
岐《き》という字《じ》

むかしのかん字

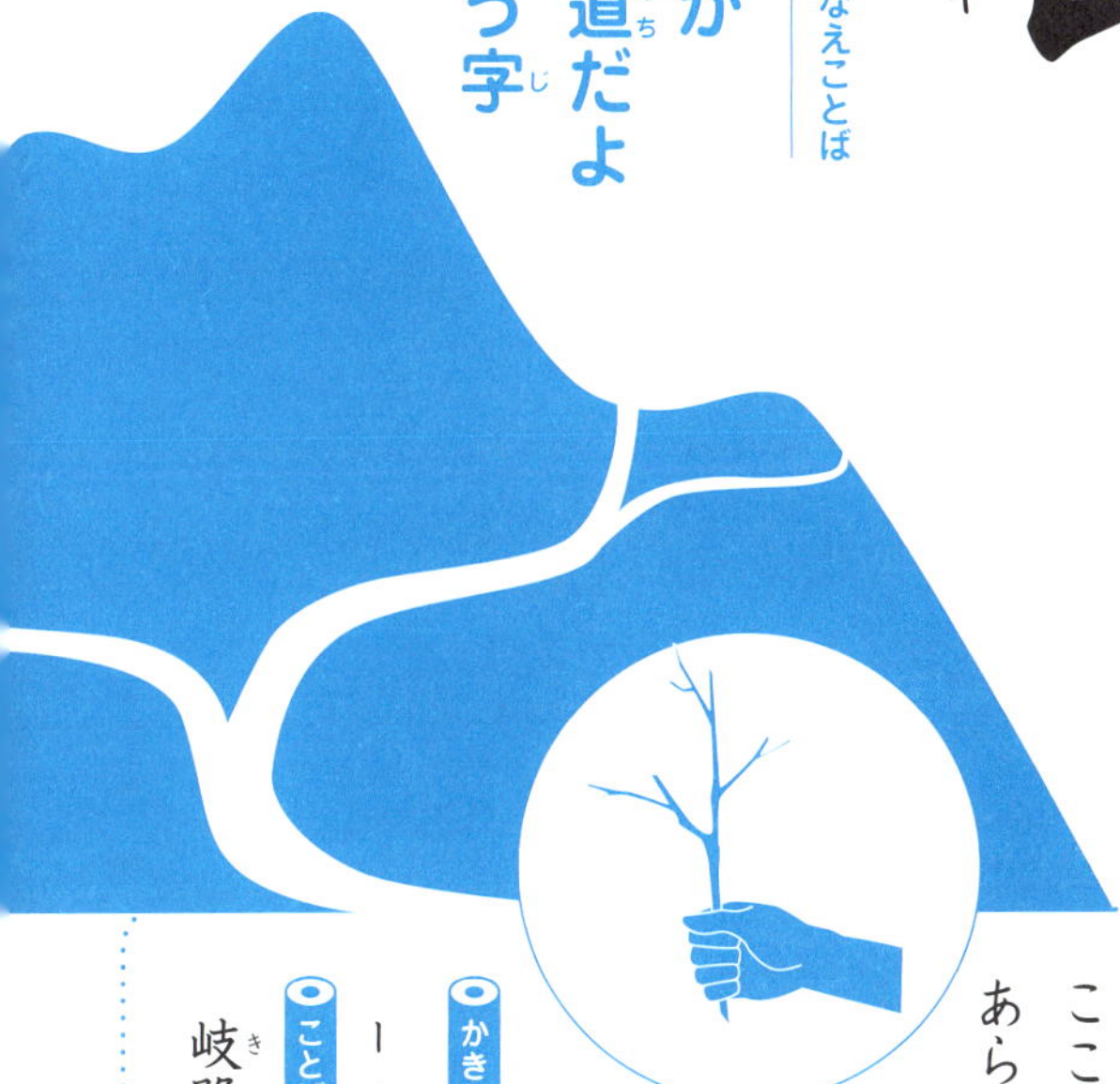

なりたち

岐《キ》のもともとの意味《いみ》は、山《やま》のなかの「わかれ道《みち》」。岐《キ》は、山《やま》（やまへん）と支《シ》とに分《わ》けられるよ。ここでは、支《シ》は、小枝《こえだ》を手《て》にもつ形《かたち》で、「えだわかれするもの」をあらわしている。

かきじゅん　7画《かく》

岐

ことばのれい

岐路《きろ》・分岐点《ぶんきてん》・多岐《たき》・岐阜県《ぎふけん》

くんよみ

希

おんよみ　キ

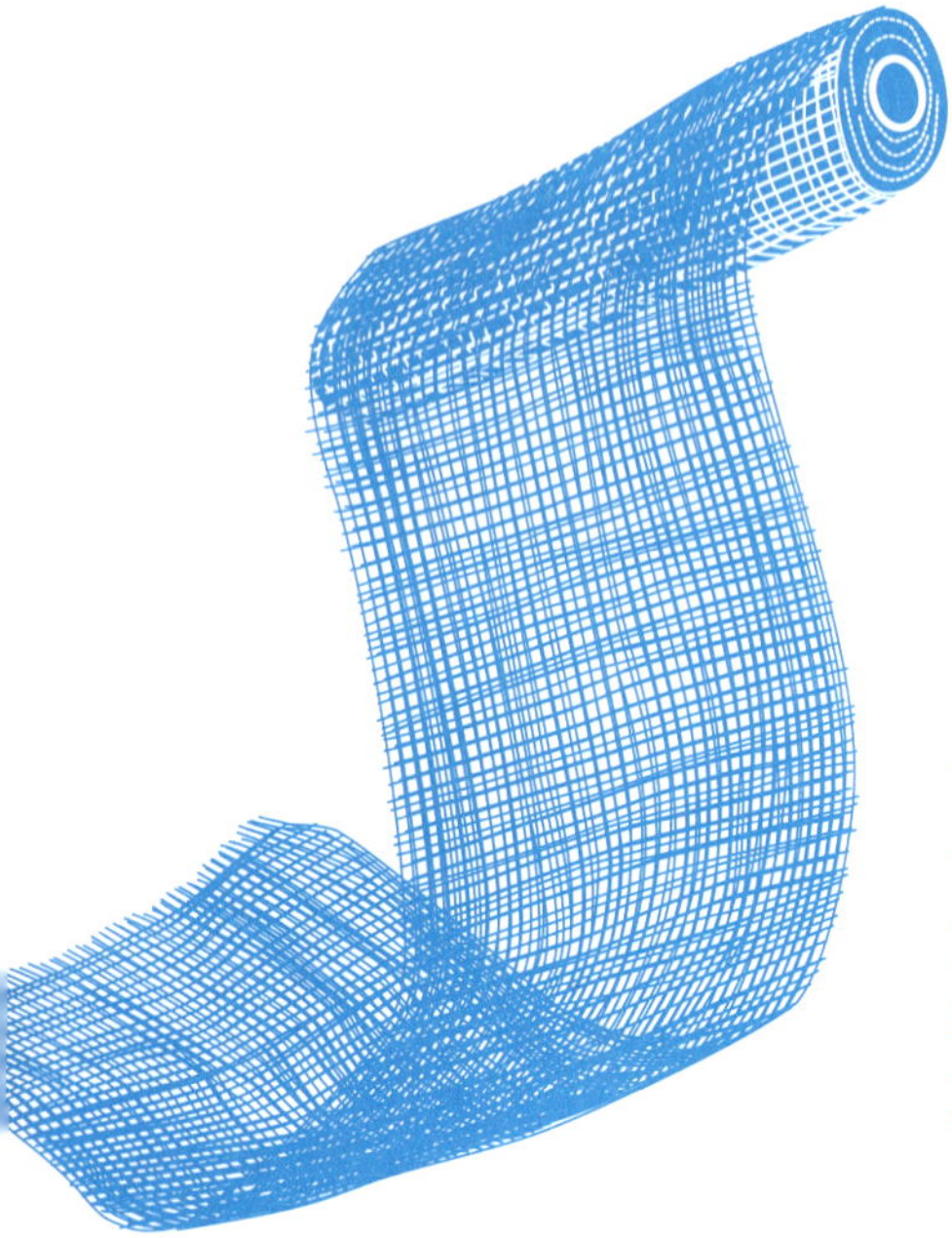

はやわかり　となえことば

めずらしい うすい布《ぬの》から できた希《き》だ

なりたち

希《キ》は、目《め》のあらい、すかしおりの布《ぬの》からできた形《かたち》の字《じ》。巾《きん》の部分《ぶぶん》が、「ぬの」をあらわしている。上《うえ》は爻《（こう）》で、おり目《め》をあらわす。すかしおりの布《ぬの》は、むこうがわがすけて見《み》える。そこから希《キ》は、「遠《とお》くかすかな」という意味《いみ》に使《つか》われる。むこうがすけて見《み》えるから、「希望《きぼう》」の希《キ》なんだね。

かきじゅん　7画《かく》

ノ　メ　[illegible]　[illegible]　[illegible]　[illegible]　希

ことばのれい

希望《きぼう》・希少《きしょう》・希求《ききゅう》・希薄《きはく》・希代《きたい》

くんよみ

おんよみ

キ

季

むかしのかん字

はやわかり　となえことば

イネ（禾）をかぶって
おどる子《こ》どもの
すがたが季《き》

なりたち

季《キ》は、禾《か》（イネ）と子《こ》をあわせた形《かたち》。祭《まつ》りでおどる子どものすがたからできた字《じ》だ。

イネのかぶりものをかぶって、、こくもつの霊《れい》にふんしておどり、豊作《ほうさく》をいのった。

！年《ねん》のなりたちは、その祭《まつ》りでおどる男《おとこ》の人《ひと》。委《い》は女《おんな》の人《ひと》。やがて、年《ねん》や季《き》は、農業《のうぎょう》についての「時《とき》」や「時期《じき》」をあらわすようになった。

かきじゅん　8画《かく》

一　二　千　禾　禾　季　季　季

ことばのれい

季節《きせつ》・季語《きご》・四季《しき》・夏季《かき》・冬季《とうき》

くんよみ はた

旗

おんよみ キ

むかしのかん字

はやわかり となえことば

さおの先《さき》
しかくい旗《はた》が
たなびく形《かたち》

なりたち

旗《はた・キ》は、㫃（㫃《えん》）と其《キ》とに分《わ》けられる字《じ》だよ。㫃は、ふきながしをつけたはたをあらわす。其《キ》は、四角《しかく》いものをあらわす形《かたち》。

だから、旗《キ》は、はたざおにかかげた四角《しかく》い「はた」をあらわした字《じ》だ。

！この字《じ》のなかにも「はた」があるよ。

族《ぞく》　旅《たび》　遊《あそ―ぶ》

かきじゅん 14画《かく》

ことばのれい

旗色《はたいろ》・旗印《はたじるし》・旗頭《はたがしら》・旗本《はたもと》・白旗《しろはた》・旗手《きしゅ》・校旗《こうき》・国旗《こっき》・軍旗《ぐんき》

くんよみ

器（うつわ）

おんよみ

キ

はやわかり　となえことば

おおむかし
いけにえの犬《いぬ》で
きよめた器《うつわ》

むかしのかん字

（器）

なりたち

器《キ》の字《じ》にある四《よっ》つの口《こう》は、いのりのことばを入《い》れるうつわの𠙵《サイ》だよ。

まん中《なか》は大《だい》の字《じ》だけど、もともとは、犬《いぬ》だった。犬《いぬ》のまわりに𠙵《サイ》を四《よっ》つならべた形《かたち》が、器《キ》（器）。

古代中国《こだいちゅうごく》では、犬《いぬ》が、まよけやきよめのための、ささげものにされた。器《キ》は、そうやってきよめた「うつわ」をあらわした字《じ》。

かきじゅん　15画《かく》

器

ことばのれい

木《き》の器《うつわ》・器具《きぐ》・器械《きかい》・食器《しょっき》・楽器《がっき》

くんよみ

機

（はた）

おんよみ

キ

むかしのかん字

はやわかり となえことば

糸《いと》かざりが ついてる形《かたち》の 機《き》の文字《もじ》だ

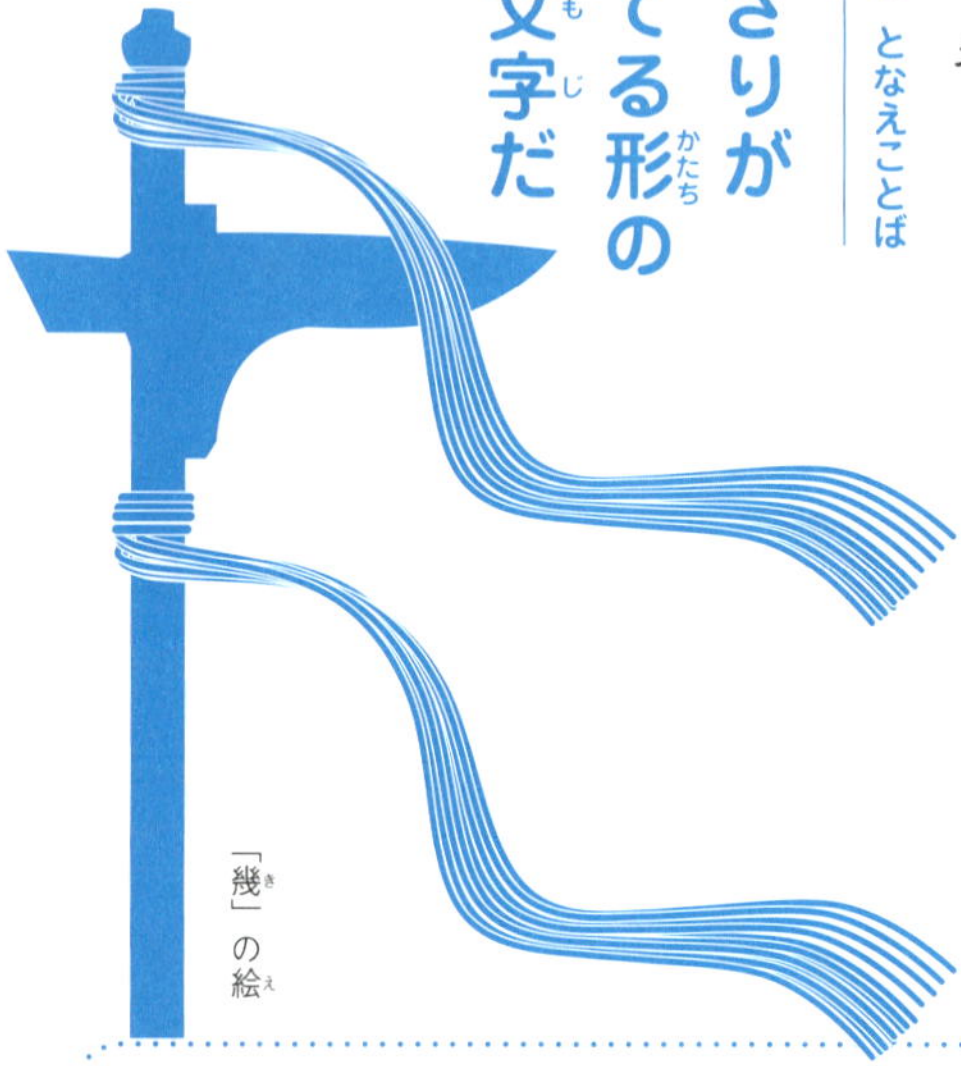

「幾《き》」の絵《え》

なりたち

機《キ》は、木（きへん）と幾《キ》。幾《キ》は、音《おん》をあらわす部分《ぶぶん》。武器《ぶき》の戈（ほこ）に、まじないの糸《いと》かざり（絲）をつけた形《かたち》だよ。

機《キ》は、「機械《きかい》」の機《き》で、ばね、じかけのある道具《どうぐ》をあらわした字《じ》。

かきじゅん

16画《かく》

一 十 才 才 木 木 杧 杧 杧 栈 桦 桦 樾 機 機機

ことばのれい

機織《はたお》り・機具《きぐ》・機会《きかい》・機関《きかん》・機能《きのう》・危機《きき》・飛行機《ひこうき》

くんよみ

おんよみ

議

ギ

むかしのかん字

はやわかり　となえことば

ごんべん（言）と
義《ぎ》で　正《ただ》しさをさがす
議論《ぎろん》の議《ぎ》

なりたち

議《ぎ》のもともとの意味《いみ》は、神《かみ》さまに「どうしましょうか」と相談《そうだん》すること。義《ぎ》は、神《かみ》にささげた、どこにも欠点《けってん》のない羊《ひつじ》のこと。それで義《ぎ》には、「ただしい」という意味《いみ》がある。言（ごんべん）は、ことばをあらわすしるし。だから、議《ぎ》とは、正《ただ》しい筋道《すじみち》をもとめて議論《ぎろん》すること。自分《じぶん》の考《かんが》えと、ほかの人《ひと》の考《かんが》えを出《だ》しあって、話《はな》しあうことだ。

かきじゅん　20画《かく》

、亠亠言言言言訁訁訁訁訁訁詳詳詳議議議議

ことばのれい

議会《ぎかい》・議題《ぎだい》・議員《ぎいん》・会議《かいぎ》・協議《きょうぎ》

くんよみ もと-める

求

おんよみ キュウ

むかしのかん字

はやわかり となえことば

おまじない
ねがいが
かなうよう
求《もと》めます

なりたち

求《もと-める・キュウ》のむかしの漢字《かんじ》は、はぎとったけものの皮《かわ》の形《かたち》なんだ。たたりをなすと考《かんが》えられていたけものだよ。

その皮《かわ》を使《つか》って、のぞみがかなうよう、まじないをしたので、求《キュウ》は「もとめる」という意味《いみ》に使《つか》われる。

! 救《すく》うという字《じ》にも、この求《キュウ》の形《かたち》があるよ。88ページも見《み》てね。

かきじゅん 7画《かく》

一 十 寸 才 求 求

ことばのれい

求人《きゅうじん》・求愛《きゅうあい》・求職《きゅうしょく》・追求《ついきゅう》・探求《たんきゅう》・要求《ようきゅう》・欲求《よっきゅう》

くんよみ なーく

泣

おんよみ （キュウ）

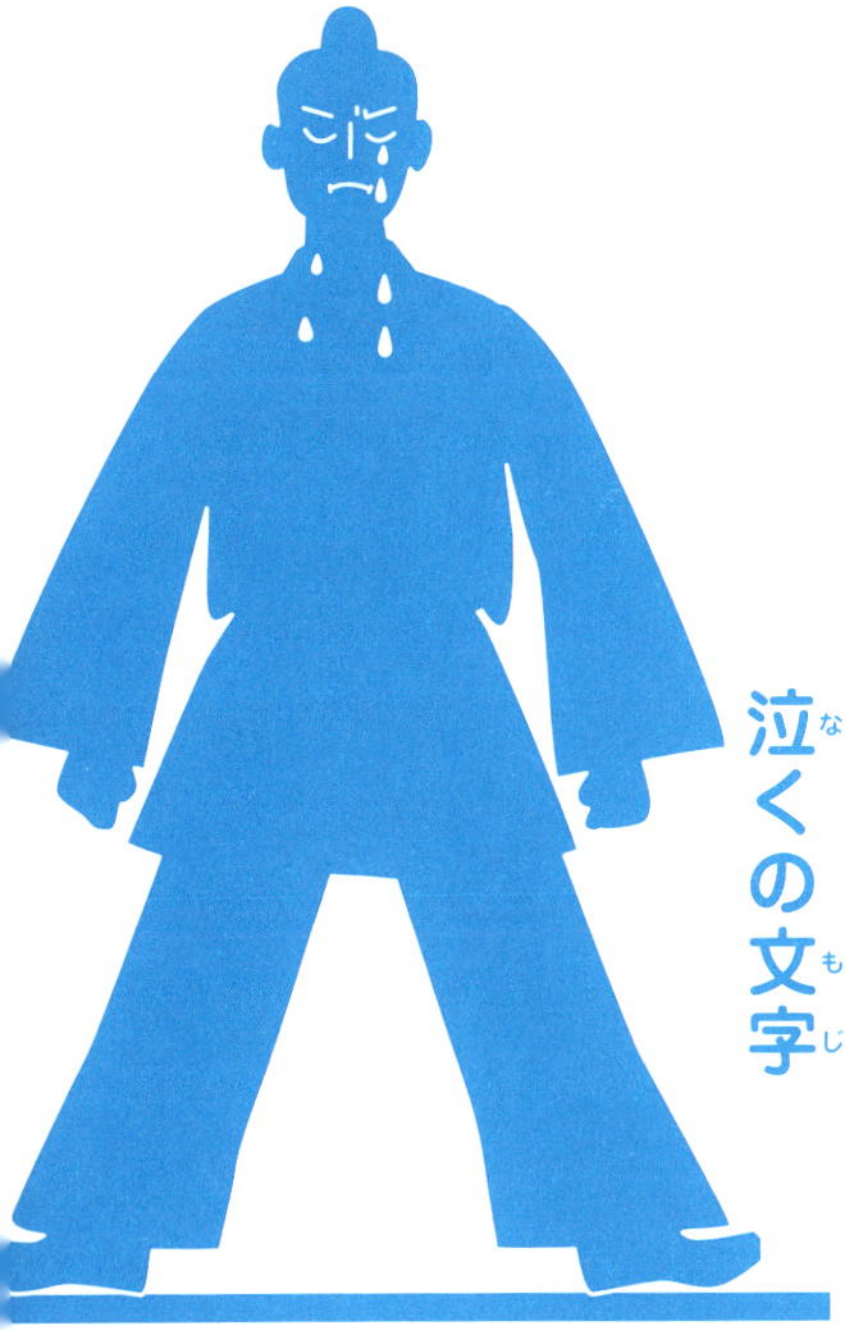

むかしのかん字

はやわかり となえことば

さんずいは なみだのことかな 泣《な》くの文字《もじ》

なりたち

泣《なーく・キュウ》は、なみだを流《なが》して泣《な》くことをあらわした字《じ》。

立《リュウ》は、ここでは、ただ音《おん》をあらわすだけの役目《やくめ》。（リュウがキュウにかわったんだ。）

氵（さんずい）は、きっと、なみだのことだね。

！鳥《とり》や動物《どうぶつ》が声《こえ》をだすことは、「鳴《な》く」と書《か》くよ。

かきじゅん 8画《かく》

、 ⺀ 氵 氵 汁 汁 汸 泣

ことばのれい

泣《な》き声《ごえ》・泣《な》き虫《むし》・泣《な》き笑《わら》い・男泣《おとこな》き・感泣《かんきゅう》・号泣《ごうきゅう》

給

くんよみ

おんよみ　キュウ

むかしのかん字

はやわかり　となえことば

糸《いと》に合《ごう》
つぎたしたり
あげたりすること
あらわす給《きゅう》

なりたち

給《キュウ》は、なにかをあげることや、たりないところをたす意味《いみ》に使《つか》われる字《じ》だ。糸（いとへん）と合《ゴウ》で、給《キュウ》。ぬのをおるときには、糸《いと》がとぎれないように、すばやくつぎたす。それで、いとへんの字《じ》なんだね。合《ゴウ》はむかし、もらったのと同《おな》じだけのものをあげるという意味《いみ》にも使《つか》われた。

かきじゅん　12画《かく》

ことばのれい

給食《きゅうしょく》・給水《きゅうすい》・給油《きゅうゆ》・給料《きゅうりょう》・自給自足《じきゅうじそく》・月給《げっきゅう》・支給《しきゅう》

くんよみ　あ-げる

おんよみ　キョ

挙

むかしのかん字

（擧）

はやわかり　となえことば

ささげ持《も》つ
五《いつ》つの手《て》がある
挙《きょ》の文字《もじ》だ

なりたち

挙《あ-げる・キョ》の、むかしの漢字《かんじ》を分解《ぶんかい》してみよう。このなかに、五《いつ》つの手《て》があるよ。

上《うえ》の両《りょう》わきの は、下《した》をむいた両手《りょうて》。あいだにある は、象牙《ぞうげ》のたからもの。その下《した》の は、上《うえ》をむいた両手《りょうて》。

ここまでは、象牙《ぞうげ》のたからものを、四《よっ》つの手《て》でたいせつにささげ持《も》つ形《かたち》。

さらに、いちばん下《した》にも手《て》（手）がある。この手《て》で全体《ぜんたい》を高《たか》くもちあげているんだ。だから、挙《キョ》は、「あげる」とか「ささげる」という意味《いみ》の字《じ》だ。

かきじゅん　10画《かく》

ことばのれい

挙《あ》げ句《く》・挙手《きょしゅ》・挙式《きょしき》・選挙《せんきょ》・快挙《かいきょ》

くんよみ

漁

おんよみ

ギョ・リョウ

むかしのかん字

はやわかり となえことば

水《みず》のなか およぐ魚《さかな》を とるのが漁《ぎょ》

なりたち

漁《ギョ・リョウ》は、氵（さんずい）に魚《ギョ》だね。水《みず》のなかにいる魚《さかな》をとるのが漁《ギョ・リョウ》。

！漁《ギョ》のむかしの漢字《かんじ》には、こんな字《じ》もあるよ。大昔《おおむかし》から漁《りょう》をしていたことがわかる。

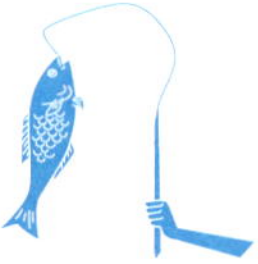

つってとる

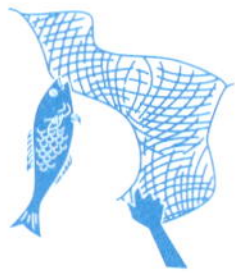

あみでとる

手《て》でつかまえる

かきじゅん

14画《かく》

ことばのれい

漁船《ぎょせん》・漁業《ぎょぎょう》・漁港《ぎょこう》・漁師《りょうし》・大漁《たいりょう》

くんよみ

共

とも

おんよみ

キョウ

むかしのかん字

はやわかり　となえことば

両方《りょうほう》の手《て》にものを持《も》ち
ささげる共《きょう》

なりたち

共《とも・キョウ》の、むかしの漢字《かんじ》を見《み》てごらん。右手《みぎて》と左手《ひだりて》を上《うえ》にささげている形《かたち》だよ。といううむかしの漢字《かんじ》もあって、それぞれの手《て》に、ものを持《も》っている。共《キョウ》のなりたちは、つつしんで、うやうやしく、ものをささげ持《も》つこと。

あとから、「ともに」という意味《いみ》に使《つか》われるようになった。左手《ひだりて》と右手《みぎて》を、ともにそろってあげるからだね。

かきじゅん

一 十 卄 龷 龷 共

6画《かく》

ことばのれい

共働《ともばたら》き・共食《ともぐ》い・共同《きょうどう》・共有《きょうゆう》・共通《きょうつう》・共感《きょうかん》・共和国《きょうわこく》・公共《こうきょう》

くんよみ

協

おんよみ

キョウ

むかしのかん字

はやわかり　となえことば

すき（力）三《みっ》つ
協《きょう》力《りょく》しあって
たがやす協《きょう》

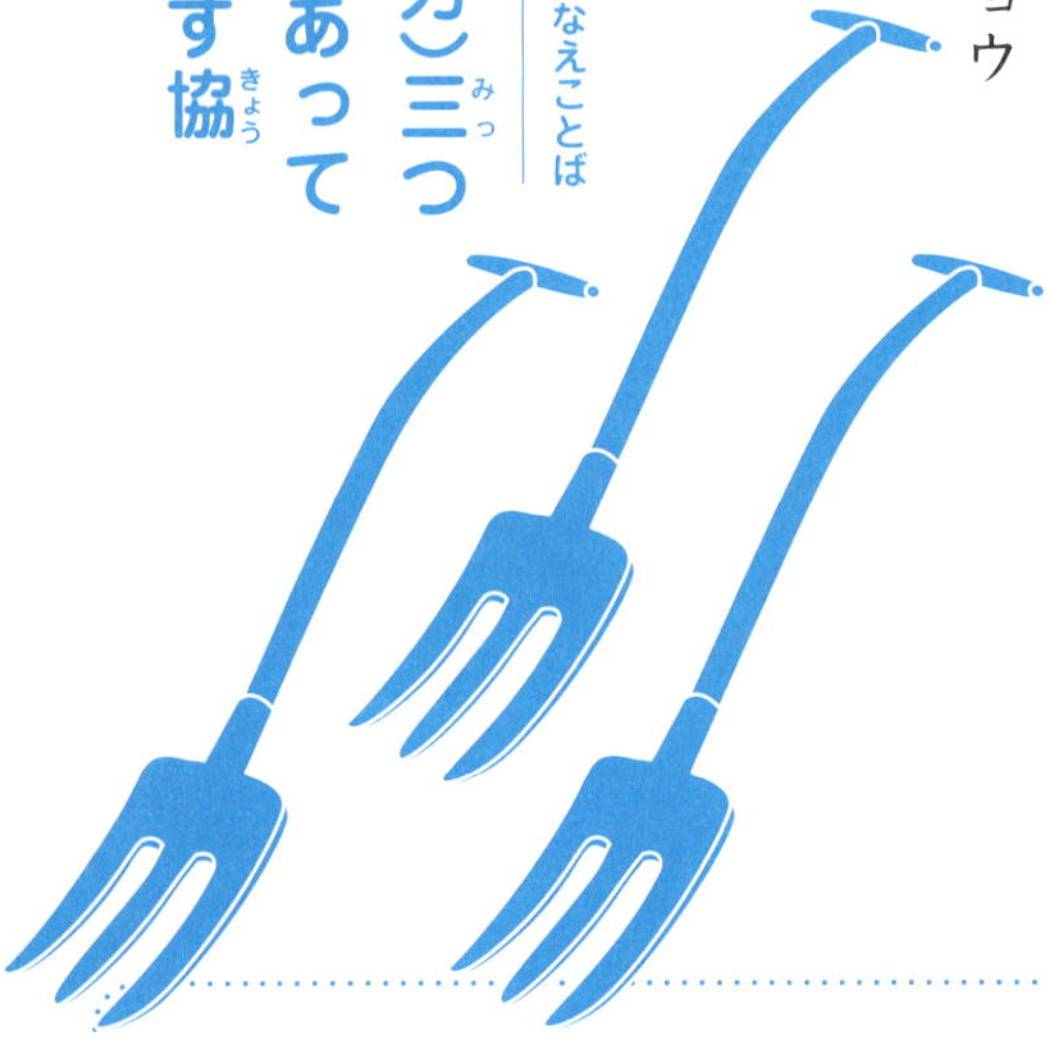

なりたち

協《キョウ》は、「協力《きょうりょく》」の協《キョウ》だね。
力《りょく》が三《みっ》つある。力《りょく》は、田畑《たはた》をたがやす道具《どうぐ》のすきの形《かたち》。
左《ひだり》がわの十《じゅう》は、なにかをまとめることをあらわしているのだろう。
協《キョウ》は、力《ちから》をあわせ、協力《きょうりょく》しあって、田畑《たはた》をたがやすことをあらわした字《じ》だ。

かきじゅん　8画《かく》

一 十 十ヵ 十力 十力ヵ 十劦 協 協

ことばのれい

協力《きょうりょく》・協会《きょうかい》・協調《きょうちょう》・協議《きょうぎ》・協定《きょうてい》・協同組合《きょうどうくみあい》・協奏曲《きょうそうきょく》・妥協《だきょう》

くんよみ かがみ

鏡

おんよみ キョウ

はやわかり となえことば

金属《きんぞく》で作《つく》った むかしの鏡《かがみ》だよ

むかしのかん字

なりたち

鏡《かがみ・キョウ》は、金属《きんぞく》でできた「かがみ」をあらわす字《じ》。金（かねへん）に竟《キョウ》だよ。竟《キョウ》は、音《おん》をあらわす部分《ぶぶん》。

いまから三千年以上《さんぜんねんいじょう》まえに作《つく》られた銅《どう》の鏡《かがみ》が、中国《ちゅうごく》の遺跡《いせき》から発見《はっけん》されている。それよりもむかし、金属《きんぞく》がまだないころには、入《い》れものに水《みず》を入《い》れて、そこにすがたをうつす「水《みず》かがみ」を使《つか》っていたという。

かきじゅん 19画《かく》

ことばのれい

鏡《かがみ》もち・手鏡《てかがみ》・鏡台《きょうだい》・双眼鏡《そうがんきょう》・望遠鏡《ぼうえんきょう》

くんよみ （きそ-う）・（せ-る）

競

おんよみ キョウ・ケイ

むかしのかん字

はやわかり となえことば

人《ひと》ふたり
ならんで いのって
競《きそ》いあう

なりたち

競《キョウ》の、むかしの漢字《かんじ》を見《み》てごらん。同《おな》じ形《かたち》が二《ふた》つならんでいるよ。は、兄《けい》の上《うえ》に言《げん》がのっている形《かたち》なんだ。兄《けい》は、神《かみ》を祭《まつ》る役目《やくめ》の人《ひと》。言《げん》は、ちかいのことば。競《キョウ》は、二人《ふたり》ならんで、さかんにいのることをあらわした字《じ》。そこから、「きそう」（競争《きょうそう》する）という意味《いみ》が生《う》まれた。

かきじゅん 20画《かく》

ことばのれい

競《きそ》い合《あ》い・競争《きょうそう》・競走《きょうそう》・競技《きょうぎ》・競馬《けいば》

くんよみ
（きわ-まる）

極

おんよみ
キョク・（ゴク）

はやわかり　となえことば

つみびとを　とじこめた　せまい場所《ばしょ》が極《きょく》

むかしのかん字

なりたち

極《キョク》は、木（きへん）と亟《キョク》。亟《キョク》は、せまいところに人《ひと》をおしこめる刑罰《けいばつ》をあらわす形《かたち》。

むかしの漢字《かんじ》のを見《み》てみよう。せまい場所《ばしょ》に、人《ひと》（）を手《て》（）で後《うし》ろからおしこんでいる。𠙵《サイ》はうつわ。

このようにして人《ひと》をとじこめる場所《ばしょ》を、極《キョク》といった。

かきじゅん　12画《かく》

一 十 才 木 杠 朾 柯 柯 柯 極 極 極

ことばのれい

極《きわ》み・極限《きょくげん》・極度《きょくど》・極力《きょくりょく》・極上《ごくじょう》・極楽《ごくらく》・極悪《ごくあく》・南極《なんきょく》・北極《ほっきょく》

くんよみ　くま

熊

おんよみ　（ユウ）

むかしのかん字

はやわかり　となえことば

ムに月《つき》に
ヒヒによってん
熊の文字《もじ》

なりたち

熊《くま・ユウ》とは、動物《どうぶつ》の「くま」のこと。能《のう》と火《ひ》をあわせた形《かたち》の字《じ》だ。能《のう》は、水《みず》にすむヤドカリの形《かたち》からできた字《じ》。灬（よってん）は、火《ひ》。

このふたつをあわせて、どうして「くま」になったのか、じつはよくわかっていないんだ。中国《ちゅうごく》の神話《しんわ》と関係《かんけい》があるのかもしれない。

かきじゅん　14画《かく》

ことばのれい

熊本県《くまもとけん》・熊手《くまで》・白熊《しろくま》

くんよみ

訓

おんよみ　クン

むかしのかん字

はやわかり　となえことば

川《かわ》の神《かみ》に　いのりをささげた　ことばが訓《くん》

なりたち

古代《こだい》の人《ひと》びとは、山《やま》や川《かわ》を通《とお》るときには、その土地《とち》の神《かみ》にいのりをささげて、安全《あんぜん》をねがった。

訓《クン》は、言（ごんべん）と川《かわ》。川《かわ》の神《かみ》にささげた、いのりのことばをあらわした字《じ》だ。

！順《じゅん》も、川《かわ》で安全《あんぜん》をいのった字《じ》だよ。なりたちは、118ページを見《み》てね。

かきじゅん　10画《かく》

丶 亠 亠 亖 言 言 訁 訓 訓 訓

ことばのれい

訓読《くんよ》み・訓練《くんれん》・音訓《おんくん》・教訓《きょうくん》・家訓《かくん》

くんよみ

おんよみ グン

軍

むかしのかん字

はやわかり となえことば

車《くるま》の上《うえ》に
はたがたなびく
軍《ぐん》の文字《もじ》

なりたち

軍《グン》は、車《くるま》の上《うえ》に旗《はた》がなびいている形《かたち》。むかしの漢字《かんじ》を見《み》てね。

この車《くるま》とは、古代《こだい》のいくさで将軍《しょうぐん》がのった馬車《ばしゃ》のこと。ひときわめだつ旗《はた》をたて、軍隊《ぐんたい》を指揮《しき》したんだ。

！軍《ぐん》をかけめぐらせるのが運《うん》。手《て》で旗《はた》をふり、軍《ぐん》を指揮《しき》するのが揮《き》。

かきじゅん 9画《かく》

軍

ことばのれい

軍人《ぐんじん》・軍事《ぐんじ》・軍隊《ぐんたい》・軍手《ぐんて》・軍資金《ぐんしきん》・大軍《たいぐん》・進軍《しんぐん》・将軍《しょうぐん》

くんよみ

郡

おんよみ

グン

むかしのかん字

はやわかり となえことば

君《くん》の字《じ》に
おおざと（阝）
かいて
地域《ちいき》の郡《くん》

なりたち

郡《グン》は、君《クン》と阝（おおざと）とに分《わ》けられる字《じ》。

君《くん》は、ここでは、村《むら》やまちをおさめた人《ひと》のこと。

阝《おおざと》（もとの形《かたち》は邑《ゆう》）は、人《ひと》の住《す》む村《むら》やまちをあらわす形《かたち》。

君《くん》がおさめた地域《ちいき》を郡《ぐん》といった。

やがて、「○郡《ぐん》○県《けん》」のように使《つか》われるようになった。日本《にほん》では、順序《じゅんじょ》がぎゃくで、「○県《けん》○郡《ぐん》」となっているよ。

かきじゅん 10画《かく》

フ ヨ ヨ 尹 尹 君 君 君 郡 郡

ことばのれい

郡部《ぐんぶ》・郡内《ぐんない》・沖縄県八重山郡《おきなわけんやえやまぐん》

群

くんよみ　む－れ・む－れる　むら－がる

おんよみ　グン

むかしのかん字

はやわかり　となえことば

群《む》れをつくった
羊《ひつじ》がいるよ
群《ぐん》の文字《もじ》

なりたち

群《む－れ・グン》は、君《クン》と羊《ひつじ》とに分《わ》けられる字《じ》。「むれ」という意味《いみ》の字《じ》だ。たくさんの羊《ひつじ》がいる、その群《む》れをあらわした字《じ》だよ。いまは、羊《ひつじ》だけでなく、人《ひと》やいろいろな生《い》き物《もの》の群《む》れにも使《つか》う。君《クン》は、ここでは、音《おん》をあらわすだけの役目《やくめ》。

かきじゅん　13画

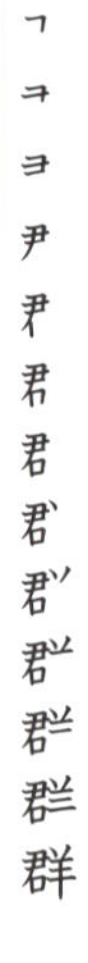

ことばのれい

群《む》れ・群衆《ぐんしゅう》・群集《ぐんしゅう》・一群《いちぐん》・大群《たいぐん》・魚群《ぎょぐん》・抜群《ばつぐん》

くんよみ

径

おんよみ

ケイ

むかしのかん字

（徑）

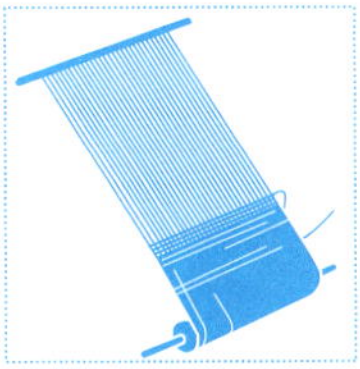

はやわかり　となえことば

まっすぐな
近道《ちかみち》　こみち
径《けい》の文字《もじ》

なりたち

径《ケイ》は、「まっすぐな近道《ちかみち》」や「こみち」という意味《いみ》の字《じ》だ。径《ケイ》の、もとの字《じ》は徑。巠（ケイ）は、はたおりのタテ糸《いと》をはった形《かたち》で、直線《ちょくせん》のようにまっすぐであることをあらわす。彳（ぎょうにんべん）は、道《みち》をあらわすよ。

かきじゅん　8画《かく》

ノ　ク　彳　彳フ　彳ス　彳又　径　径

ことばのれい

径路《けいろ》・直径《ちょっけい》・半径《はんけい》

くんよみ

景

おんよみ

ケイ

はやわかり となえことば

京《きょう》の字《じ》に
お日《ひ》さまをつけた
景《けい》の文字《もじ》

むかしのかん字

なりたち

景《ケイ》は、日《ひ》と京《ケイ》とに分《わ》けられる字《じ》。京《ケイ》は、都《みやこ》の城門《じょうもん》の形《かたち》で、門《もん》の上《うえ》には展望台《てんぼうだい》のようなたてものがある。そこで、お日《ひ》さまの動《うご》きを観測《かんそく》したのだろう。

京《ケイ》の上《うえ》にお日《ひ》さまがあるのが、景《ケイ》。景《ケイ》は、日《ひ》の光《ひかり》や影《かげ》をあらわした字《じ》で、いまは「けしき」や「ようす」という意味《いみ》に使《つか》われる。

かきじゅん

12画《かく》

ことばのれい

景気《けいき》・景品《けいひん》・景色《けしき》・風景《ふうけい》・光景《こうけい》・夜景《やけい》・背景《はいけい》・殺風景《さっぷうけい》

くんよみ

芸

おんよみ　ゲイ

むかしのかん字

（藝）

はやわかり　となえことば

もともとは
木《き》を植《う》えること
芸《げい》の文字《もじ》

なりたち

芸《ゲイ》の、むかしの漢字《かんじ》を見《み》てごらん。人《ひと》が草木《くさき》の苗《なえ》を持《も》ち、それを植《う》えようとしているすがただよ。芸《ゲイ》のもともとの意味《いみ》は、草木《くさき》を植《う》えること。

いまでも植樹祭《しょくじゅさい》などの儀式《ぎしき》があるね。芸《ゲイ》は、そうした儀式《ぎしき》をあらわしているのだろう。

芸《ゲイ》は、いまでは、「芸能《げいのう》」や「芸術《げいじゅつ》」などと使《つか》われる。

かきじゅん　7画《かく》

一　十　艹　艹　芏　芸　芸

ことばのれい

芸人《げいにん》・芸術《げいじゅつ》・芸能《げいのう》・芸名《げいめい》・芸当《げいとう》・園芸《えんげい》・手芸《しゅげい》・文芸《ぶんげい》・曲芸《きょくげい》・民芸品《みんげいひん》

くんよみ　かーける

おんよみ　ケツ

欠

むかしのかん字

（缺）

はやわかり　となえことば

刃《は》もので 土《つち》のうつわが 欠《か》けた

なりたち

欠《かーける・ケツ》の、もとの字《じ》は缺。缶《ふ》は、土《つち》をやいて作《つく》ったやきもの。夬《ケツ》（　）は、刃物《はもの》を持《も》って、ものをこわす形《かたち》。欠《ケツ》のもともとの意味《いみ》は、うつわが欠《か》けること。

！歌《うた》や飲《の－む》の字《じ》にある欠（あくび）は、口《くち》をあけて立《た》つ人《ひと》のすがた。「欠《か》ける」とは別《べつ》の字《じ》だ。

かきじゅん

ノ 𠂊 ケ 欠　4画《かく》

ことばのれい

欠席《けっせき》・欠員《けついん》・欠点《けってん》・出欠《しゅっけつ》・病欠《びょうけつ》・補欠《ほけつ》・不可欠《ふかけつ》

結

くんよみ　むす-ぶ・（ゆ-う）

おんよみ　ケツ

むかしのかん字

はやわかり　となえことば

糸《いと》を結《むす》んで　しあわせを　かたく　まもる結《けつ》

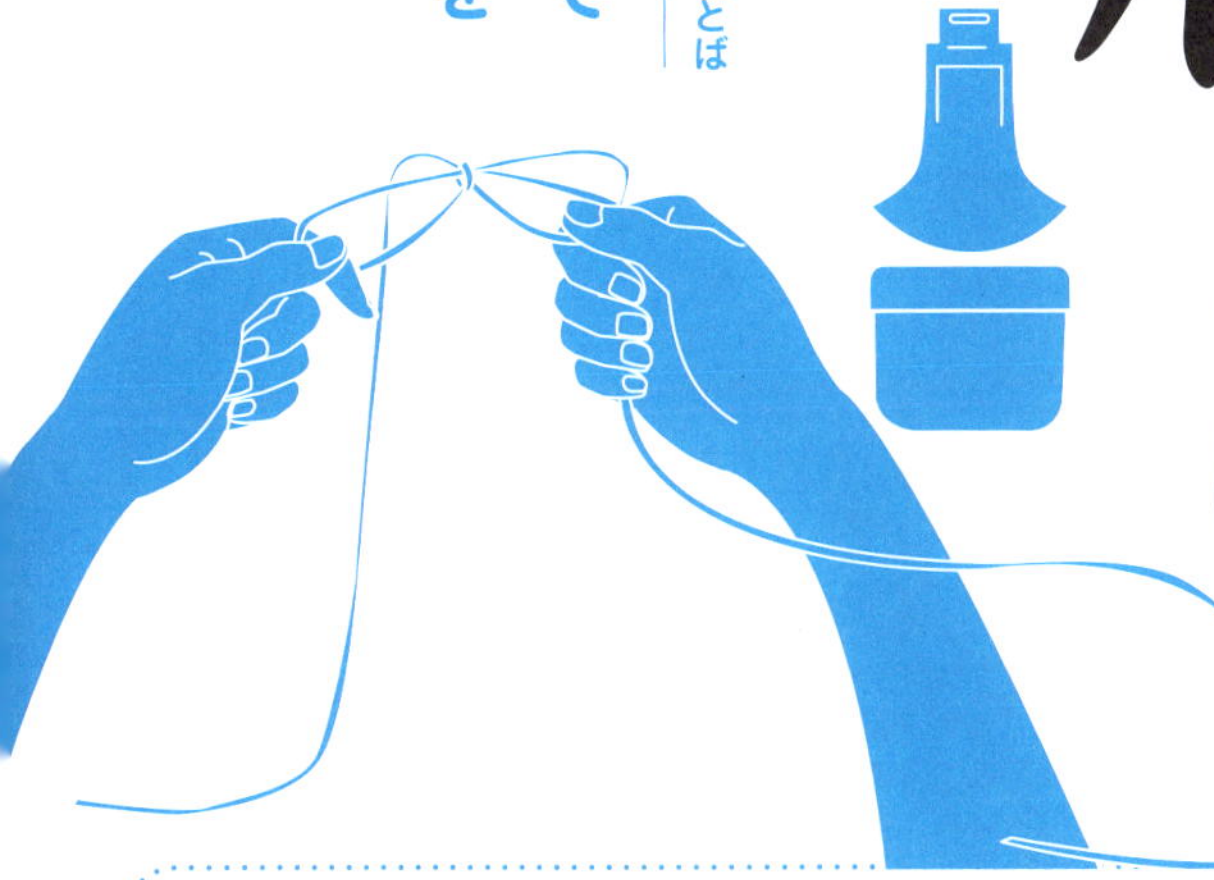

なりたち

結《むす-ぶ・ケツ》は、糸《いと》を結《むす》ぶことからできた字《じ》。糸（いとへん）と吉《キツ》だよ。吉《キツ》は、いのりの力《ちから》をとじこめて守《まも》ることをあらわす。

古代《こだい》の人《ひと》びとは、糸《いと》やひもなどを結《むす》ぶまじないをした。結《むす》んで、そこにある力《ちから》をとじこめようとしたんだ。「縁《えん》結《むす》び」のおまじないのようなものだね。

かきじゅん　12画《かく》

ことばのれい

結《むす》び目《め》・髪結《かみゆ》い・結束《けっそく》・結果《けっか》・結論《けつろん》・結局《けっきょく》・団結《だんけつ》・完結《かんけつ》・氷結《ひょうけつ》・起承転結《きしょうてんけつ》

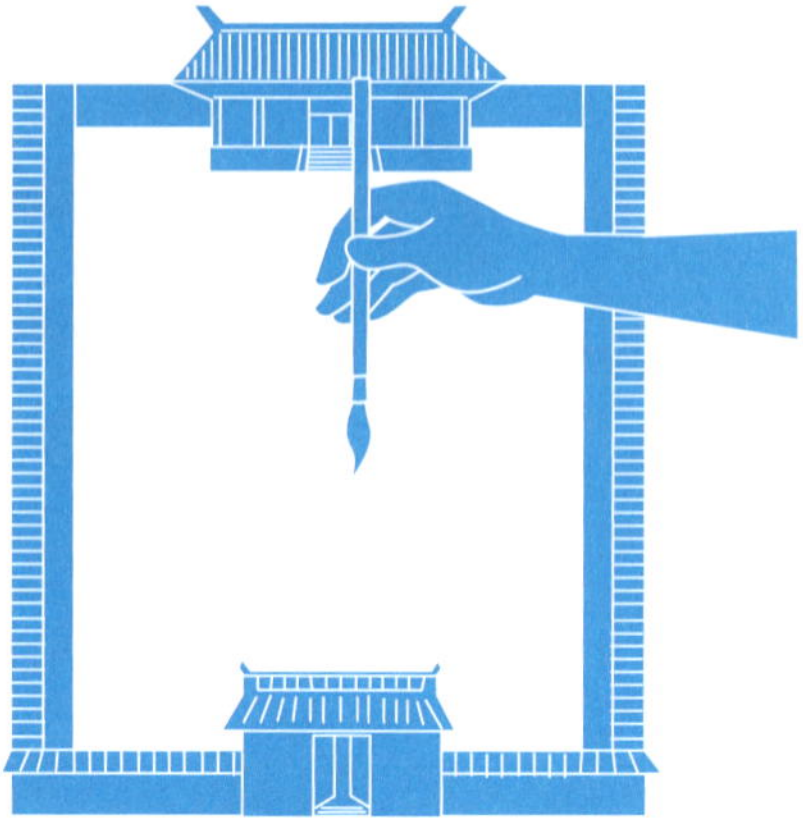

くんよみ　た－てる

建

おんよみ　ケン・（コン）

むかしのかん字

はやわかり　となえことば

ふで（聿）を
手《て》に
方角《ほうがく》をきめて
建物《たてもの》つくる

なりたち

建《たーてる・ケン》は、廴（えんにょう）と聿《いつ》とに分《わ》けられる字《じ》。

廴は、宮殿《きゅうでん》の中庭《なかにわ》をあらわす形《かたち》。

聿《いつ》は、「ふで」を手《て》に持《も》つ形《かたち》だよ。

建物《たてもの》をたてたり、都《みやこ》をつくったりするときには、設計図《せっけいず》を書《か》く。また、古代中国《こだいちゅうごく》では、筆《ふで》を中庭《なかにわ》にたてて、方角《ほうがく》などをうらなったのだという。

そこから、建《ケン》は、建物《たてもの》や国《くに》を「たてる」という意味《いみ》に使《つか》われる。

かきじゅん　9画《かく》

㇕ ⺕ ヨ ⺕ 聿 聿 ⻍聿 建 建

ことばのれい

建物《たてもの》・建《た》て増《ま》し・二階建《にかいだ》て・建築《けんちく》・建設《けんせつ》・建国《けんこく》・建立《こんりゅう》・土建《どけん》

くんよみ

健

（すこ-やか）

おんよみ

ケン

むかしのかん字

はやわかり　となえことば

ゆるぎない
建物《たてもの》のように
人《ひと》のからだが
健《すこ》やかな健《けん》

なりたち

健《ケン》は、「健康《けんこう》」の健《ケン》だよ。亻（にんべん）と建《ケン》とに分《わ》けられる字《じ》。

びくともしない建物《たてもの》のように、人《ひと》の体《からだ》がしっかりとして、すこやかであること。それが、健《ケン》のなりたち。

かきじゅん

11画《かく》

ことばのれい

健《すこ》やか・健康《けんこう》・健全《けんぜん》・健在《けんざい》・保健《ほけん》

くんよみ

験

おんよみ

ケン・（ゲン）

はやわかり　となえことば

いのる人《ひと》
馬《うま》と
ならべて
験《けん》の文字《もじ》

むかしのかん字

驗（驗）

なりたち

験《ケン》の、もとの字《じ》は驗。僉《セン》は、二人《ふたり》のひとが、ならんでいのりをささげている形《かたち》。

験《ケン》の字《じ》に馬《うま》があるのは、馬《うま》を使《つか》って、いのりのききめをためす儀式《ぎしき》があったからだろう。験《ケン》には、「ためす」「しらべる」という意味《いみ》がある。

神《かみ》につかえる馬《うま》をえらぶ「くらべ馬《うま》」という儀式《ぎしき》が、日本《にほん》でも、むかしからおこなわれているよ。

かきじゅん　18画《かく》

ことばのれい

体験《たいけん》・経験《けいけん》・実験《じっけん》・試験《しけん》・霊験《れいげん》

くんよみ かた-い・かた-まる

固

むかしのかん字

おんよみ コ

はやわかり となえことば

古《こ》をかこみ いのりを固《かた》くまもってる

なりたち

固《かた-い・コ》は、口《い》と古《コ》とを組《く》みあわせた形《かたち》。古《コ》は、うつわの𠙵《サイ》の上《うえ》に、武器《ぶき》のたてをおいて、いのりを守《まも》る形《かたち》。いつまでも守《まも》りつづけるから、「古《ふる》い」（古《ふる》くからずっと）という意味《いみ》になった。固《コ》は、その古《コ》にさらにかこみ（口《い》）をつけて、いのりのききめを固《かた》めることをあらわした字《じ》。

かきじゅん 8画《かく》

丨 冂 冃 冃 冃 冃 固 固

ことばのれい

地固《じがた》め・固形《こけい》・固体《こたい》・固定《こてい》・固有《こゆう》・強固《きょうこ》・確固《かっこ》

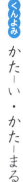

功

くんよみ

おんよみ

コウ・（ク）

はやわかり　となえことば

農作業《のうさぎょう》に
力《ちから》を
つくした
てがらが功《こう》

むかしのかん字

なりたち

功《コウ》は、「てがら」という意味《いみ》の字《じ》だ。
工《コウ》と力《りょく》をあわせて、功《コウ》だね。
工《コウ》は、工作《こうさく》の道具《どうぐ》だけど、ここでは
コウという音《おん》をあらわす役目《やくめ》。
力《りょく》は、たがやす道具《どうぐ》のすき。
功《コウ》のもともとの意味《いみ》は、農作業《のうさぎょう》でて
がらをたてること。
やがて、農作業《のうさぎょう》だけでなく、さまざ
まなてがらをあらわすようになった。

かきじゅん　5画《かく》

一　丅　工　工𠃌　功

ことばのれい

功績《こうせき》・功名《こうみょう》・功労《こうろう》・功罪《こうざい》・成功《せいこう》・
年《とし》の功《こう》・功徳《くどく》

くんよみ　この－む・す－く

好

おんよみ　コウ

はやわかり　となえことば

女《おんな》の人《ひと》が子《こ》どもといるよ　好《こう》の文字《もじ》

むかしのかん字

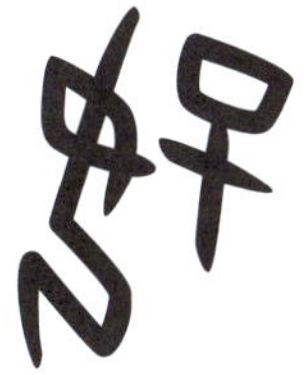

なりたち

好《この－む・コウ》は、女《おんな》と子《こ》をあわせた形《かたち》。女《おんな》の人《ひと》が子《こ》どもをかわいがるようすからできた字《じ》だ。

好《コウ》は、なかがよいことや、好《す》きということ、よいこと、といった意味《いみ》をあらわすことばに使《つか》われる。

かきじゅん　6画《かく》

く　女　女　好　好　好

ことばのれい

好《この》み・好《す》き嫌《きら》い・好意《こうい》・好感《こうかん》・好調《こうちょう》・好例《こうれい》・好奇心《こうきしん》・好都合《こうつごう》・良好《りょうこう》・愛好《あいこう》

香

くんよみ
かお-り・かお-る
か

おんよみ
（コウ）・（キョウ）

はやわかり　となえことば

こくもつのおそなえものがよい香《かお》り

むかしのかん字

なりたち

香《か・コウ》の、むかしの漢字《かんじ》を見《み》てごらん。上の部分《ぶぶん》は、香《かお》り高《たか》いこくもつのキビをあらわしている。下の曰（曰《(エツ)》）は、いのりをささげるための器《うつわ》だよ。香《か》のもともとの意味《いみ》は、香《かお》り高《たか》いキビをそなえて、神《かみ》や先祖《せんぞ》にいのること。香《か》のいまの字《じ》は、禾《(か)》と曰《(エツ)》をあわせた形《かたち》。よい「かおり」をあらわす字《じ》だ。

かきじゅん　9画《かく》

一 二 千 禾 禾 乔 香 香 香

ことばのれい

香《かお》り・香《かお》る・香川県《かがわけん》・香《こう》ばしい・香水《こうすい》・香辛料《こうしんりょう》・線香《せんこう》・芳香《ほうこう》

候

くんよみ（そうろう）

おんよみ　コウ

むかしのかん字

はやわかり　となえことば

都《みやこ》のまわりで敵《てき》のようすをうかがった候《こう》

なりたち

候《コウ》は、都《みやこ》のまわりで敵《てき》のようすをうかがい、都《みやこ》を守《まも》る役目《やくめ》をした人《ひと》をあらわした字《じ》。

亻（にんべん）と𥎦《コウ》だよ。

ようすをうかがうことから、候《コウ》は、暑《あつ》さ寒《さむ》さや天気《てんき》のようすをうかがう「気候《きこう》」や「時候《じこう》」などに使《つか》われる。

かきじゅん　10画《かく》

ノ　亻　仆　仁　伊　伊　伊　侯　候　候

ことばのれい

候補《こうほ》・気候《きこう》・天候《てんこう》・時候《じこう》・兆候《ちょうこう》

くんよみ

康

おんよみ　コウ

むかしのかん字

はやわかり　となえことば

きねを持《も》ち　お米《こめ》をついてる　康《こう》の文字《もじ》

なりたち

康《コウ》のむかしの漢字《かんじ》は、両手《りょうて》（　）できね（干）を持《も》って、お米《こめ》（米）をついている形《かたち》なんだよ。お米《こめ》をきねでつくと、ぬかがとれて、白《しろ》い米《こめ》になる。康《コウ》は、そのことをあらわす字《じ》。

でも、康《コウ》は、なぜかむかしから、「やすらか」という意味《いみ》に使《つか》われる字《じ》だった。「健康《けんこう》」の康《コウ》だね。

かきじゅん　11画《かく》

丶 亠 广 户 庐 庚 庚 唐 康 康 康

ことばのれい

健康《けんこう》・小康《しょうこう》

音《おん》よみが「サ行《ぎょう》」の漢字《かんじ》

サ

おもしろい漢字《かんじ》の話《はなし》❷

古代《こだい》の厄《やく》ばらい

だれだって、災害《さいがい》や事故《じこ》にあったりせずに、安全《あんぜん》に生活《せいかつ》できることをのぞむ。そして、災難《さいなん》の原因《げんいん》がわかっていれば、それにそなえて気《き》をつけることができるよね。

古代《こだい》の人《ひと》びとは、災難《さいなん》がおこる理由《りゆう》を、いまのように知《し》っていたわけではなかった。悪《わる》いことがおこるのは、のろいやたたりのせいだとも考《かんが》えた。

だから、いろいろなおまじないをしたんだ。

それをあらわした漢字《かんじ》が、いくつもあるよ。

（❹と❺は、習《なら》う学年《がくねん》）

求《キュウ》は、たたりをなすけものの皮《かわ》の形《かたち》。これを使《つか》って、のぞみがかなうよう、まじないをした。

❹ **求** もと—める・キュウ

けものの皮《かわ》（求《キュウ》）を打《う》って、わざわいをはらい、救《すく》われるためのまじない。

❺ **救** すく—う・キュウ

たたりをなす、へびのような虫《むし》を打《う》って、たたりをはらい、改《あらた》めるためのまじない。

❹ **改** あらた—める・カイ

殺《サツ》のもともとの意味《いみ》は、たたりをなすけものを打《う》ち、のろいをはらって、たたりをへらすこと。

❺ **殺** ころ—す・サツ

くんよみ

おんよみ

佐

サ

むかしのかん字

はやわかり　となえことば

にんべんに　左《ひだり》とかいて　たすける佐《さ》

なりたち

佐《サ》は、亻（にんべん）に左《サ》と書《か》く。「たすける」という意味《いみ》の字《じ》だ。左《サ》（）は、左手《ひだりて》（）にいのりの道具《どうぐ》（工《こう》）をもつ形《かたち》。左《サ》が、佐《サ》のもとの字《じ》なんだ。

むかし、左右《さゆう》の手《て》それぞれに、ものをもっていのり、神《かみ》のたすけをもとめた。（右《ユウ》・は、右手《みぎて》をあらわす。）

やがて、亻（にんべん）をつけて、人《ひと》のたすけをあらわす佐《サ》の字《じ》がつくられた。

かきじゅん　7画《かく》

ノ亻仁什佐佐佐

ことばのれい

佐賀県《さがけん》・補佐《ほさ》・大佐《たいさ》

くんよみ さーす

差

おんよみ サ

むかしのかん字

はやわかり となえことば

左手《ひだりて》で
イネを
差《さ》しだす
差《さ》の文字《もじ》だ

なりたち

差《さーす・サ》のむかしの漢字《かんじ》は、禾《(か)》と左《サ》をあわせた形《かたち》だよ。禾《(か)》はイネで、左《サ》は左手《ひだりて》だ。おそなえのイネを手《て》にもって、神《かみ》さまにすすめることが、差《サ》のもともとの意味《いみ》。

そのイネのほの長《なが》さはふぞろいなので、差《サ》はやがて、「ちがい」という意《い》味《み》に使《つか》われるようになった。

かきじゅん 10画《かく》

ことばのれい

差《さ》し入《い》れ・水差《みずさ》し・差額《さがく》・差別《さべつ》・時差《じさ》・大差《たいさ》・落差《らくさ》・格差《かくさ》

くんよみ　な

菜

おんよみ　サイ

むかしのかん字

はやわかり　となえことば

手《て》でつみとるよ
くさかんむりの
野《や》菜《さい》の菜《さい》

なりたち

菜《な・サイ》は、艹（くさかんむり）と采《サイ》。采《サイ》は、木《き》の実《み》や芽《め》をつまみとる形《かたち》。菜《サイ》は、手《て》でつみとって食《た》べる野《や》菜《さい》のこと。

！採《サイ》は采《サイ》＋手《て》（扌）で、「とること」をあらわす。彩《サイ》は采《サイ》＋彡（さんづくり）で、草花《くさばな》からとった色彩《しきさい》をあらわす。

かきじゅん　11画《かく》

一　十　艹　艹　艹　艹　艹　苎　苹　莱　菜

ことばのれい

菜《な》の花《はな》・菜《な》種《たね》・青《あお》菜《な》・菜《さい》園《えん》・菜《さい》食《しょく》・野《や》菜《さい》・白《はく》菜《さい》・山《さん》菜《さい》・前《ぜん》菜《さい》

くんよみ もっと-も

おんよみ サイ

最

むかしのかん字

はやわかり となえことば

取《と》ったてがらが最《もっと》も多《おお》いぞ最《さい》の文字《もじ》

なりたち

最《もっと-も・サイ》の字《じ》のなかに、取《と-る》という字《じ》があるよ。取《と-る》は、「耳《みみ》を手《て》（又）でとること」をあらわした字《じ》だ。むかし、いくさで敵《てき》をうちとったしるしに耳《みみ》を取《と》り、その数《かず》でてがらをきめたのだという。

最《サイ》は、その、集《あつ》めた耳《みみ》のてがらが、もっとも多《おお》いことをあらわす字《じ》。

上《うえ》の冃は、もともとは冃で、ものをおおう形《かたち》。

かきじゅん 12画《かく》

丨 冂 冃 冃 旦 ... 最

ことばのれい

最《もっと》も・最寄《もよ》り・最高《さいこう》・最低《さいてい》・最後《さいご》・最近《さいきん》・最新《さいしん》・最大限《さいだいげん》・最年少《さいねんしょう》

くんよみ　さい・（さき）

埼

おんよみ　（キ）

はやわかり となえことば

もともとは
水辺《みずべ》のみさき
埼玉《さいたま》の埼《さい》

なりたち

埼《さい・キ》の、もともとの意味《いみ》は「みさき」。陸地《りくち》の先《せん》たんが、海《うみ》や湖《みずうみ》につき出《で》たところをみさきというよ。

埼《さい》は、土（つちへん）と奇《キ》とに分《わ》けられる字《じ》だ。

奇《キ》は、とってのついた刀《かたな》（）をもって神《かみ》にいのる形《かたち》で、「かたよる」「けわしい」という意味《いみ》をもつ。ここでは、地形《ちけい》のことだね。

かきじゅん　11画《かく》

一 十 土 圹 圹 坎 坴 埣 埣 埼 埼

ことばのれい

埼玉県《さいたまけん》・犬吠埼《いぬぼうさき》

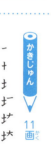

くんよみ

おんよみ

材

ザイ

むかしのかん字

はやわかり　となえことば

木材《もくざい》や　だいじなものを作《つく》る材《ざい》

なりたち

材《ザイ》は、木（きへん）と才《サイ》。

才《サイ》は、神聖《しんせい》な場所《ばしょ》にたてた目印《めじるし》の木《き》の形《かたち》で、「もともとこの世《よ》にあるもの（存在《そんざい》するもの）」という意味《いみ》の字《じ》だ。

材《ザイ》は、ものを作《つく》るもとになる材料《ざいりょう》や、価値《かち》あるものの性質《せいしつ》（材質《ざいしつ》）をあらわす字《じ》。

ものを作《つく》る材料《ざいりょう》の代表《だいひょう》は木《き》だったから、木（きへん）がついているんだね。

かきじゅん　7画《かく》

一　十　才　木　木一　村　材

ことばのれい

材木《ざいもく》・材料《ざいりょう》・材質《ざいしつ》・素材《そざい》・木材《もくざい》・教材《きょうざい》・人材《じんざい》・題材《だいざい》・取材《しゅざい》

くんよみ　さき

崎

おんよみ　（キ）

はやわかり　となえことば

もともとは　けわしい山道《やまみち》　崎《さき》の文字《もじ》

なりたち

崎《さき・キ》は、山（やまへん）と奇《キ》とに分《わ》けられる字《じ》だ。

奇《キ》は、とってのついた刀《かたな》（）をもって神《かみ》にいのる形《かたち》で、「かたよる」「けわしい」という意味《いみ》をもつ。

崎《さき》は、もともとは、山道《やまみち》がけわしいことをあらわしていた。

日本《にほん》では、「埼《さい》」と同じように、水《みず》の近《ちか》くの「みさき」をあらわす字《じ》にも使《つか》われる。

かきじゅん

11画《かく》

ことばのれい

長崎県《ながさきけん》・宮崎県《みやざきけん》

くんよみ

昨

おんよみ

サク

はやわかり となえことば

すぎさった
きのうの
ことだ
昨《さく》の文字《もじ》

むかしのかん字

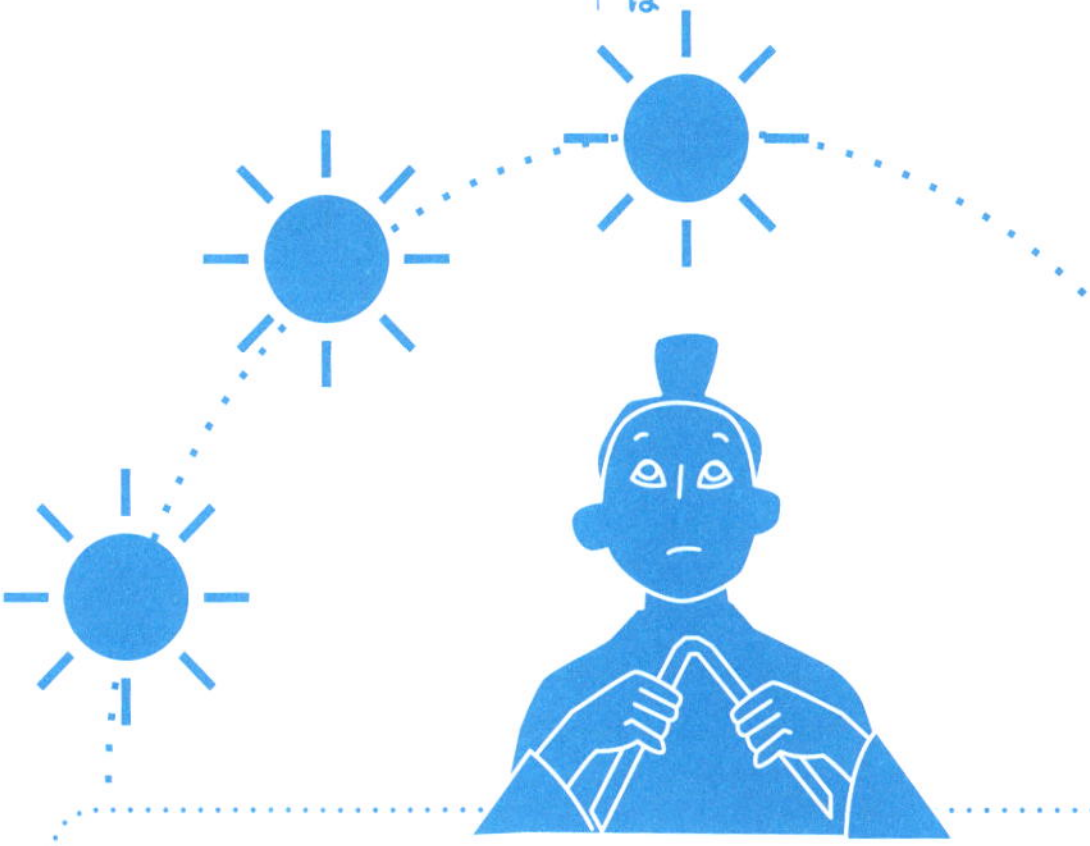

なりたち

昨《サク》は、すぎた日《ひ》のことをあらわす字《じ》。日（ひへん）と乍《(サク)》だよ。
乍《(サク)》は、ここでは、サクという音《おん》をあらわすだけの役目《やくめ》。太陽《たいよう》のめぐりで時《とき》の流《なが》れをはかるので、日（ひへん）がついている。

！時《とき》・昔《むかし》・朝《あさ》・昼《ひる》・晩《ばん》など、いろんな「とき」をあらわす字《じ》のなかに、日《ひ》があるよ。

かきじゅん

9画《かく》

ことばのれい

昨日《さくじつ》・昨年《さくねん》・昨夜《さくや》・昨晩《さくばん》・昨今《さっこん》

くんよみ

札

ふだ

おんよみ

サツ

むかしのかん字

はやわかり　となえことば

もともとは
木《き》の札《ふだ》あらわす
札《さつ》の文字《もじ》

なりたち

札《ふだ・サツ》は、木（きへん）と乚《（さつ）》の字《じ》だよ。乚《（さつ）》は、うすくけずった木片《もくへん》の形《かたち》。だから、札《サツ》は、木《き》の「ふだ」をあらわした字《じ》だ。ふだとは、カードのようなもの。そこに文字《もじ》を書《か》いて、いろいろなことに使《つか》った。

かきじゅん　5画《かく》

一 十 オ 木 札

ことばのれい

名札《なふだ》・切《き》り札《ふだ》・手札《てふだ》・表札《ひょうさつ》・改札《かいさつ》・検札《けんさつ》・一万円札《いちまんえんさつ》

刷

くんよみ　す-る

おんよみ　サツ

はやわかり　となえことば

木《き》の板《いた》に書《か》いてはけずる刷《さつ》の文字《もじ》

むかしのかん字

なりたち

むかしの印刷《いんさつ》といえば、版画《はんが》のこと。それよりもっとむかし、まだ紙《かみ》のない時代《じだい》には、木《き》の板《いた》にじかに文字《もじ》などを書《か》いた。

書《か》いたものを消《け》すときは、小刀《こがたな》などで、板《いた》の表面《ひょうめん》をけずった。

刷《す-る・サツ》はそれをあらわした形《かたち》で、もともとは「けずる」という意味《いみ》の字《じ》だった。ぬぐいとることをあらわす㕞《せつ》と、刀《かたな》（刂《りっとう》）とをあわせた字《じ》だよ。

かきじゅん　8画《かく》

㇆ コ 尸 𡰯 𡰯 帍 㕞 刷

ことばのれい

刷《す》り物《もの》・色刷《いろず》り・刷新《さっしん》・印刷《いんさつ》・増刷《ぞうさつ》

くんよみ

察

おんよみ サツ

むかしのかん字

はやわかり となえことば

やねの下《した》
祭《まつ》りを
おこなう
察《さつ》の文字《もじ》

なりたち

察《サツ》は、宀（うかんむり）と祭《サイ》をあわせた字《じ》だよ。宀は、先祖《せんぞ》をまつるたてもの（お宮《みや》）をあらわしている。

お宮《みや》で祭《まつ》りをおこなって、神《かみ》さまの反応《はんのう》をみること、神《かみ》の心《こころ》をおしはかることを察《サツ》といった。

「観察《かんさつ》」というように、よく見《み》て調《しら》べることもあらわす字《じ》だよ。

！祭《まつ》は、肉《にく》（夕）を手《て》（又）で神《かみ》だな（示）にそなえる形《かたち》。

かきじゅん 14画《かく》

丶 丷 宀 … 察

ことばのれい

察知《さっち》・観察《かんさつ》・視察《しさつ》・考察《こうさつ》・警察《けいさつ》

くんよみ まい-る

おんよみ サン

参

むかしのかん字

（參）

はやわかり　となえことば

**かんざし三本《さんぼん》
頭《あたま》にかざった
すがたの参《さん》**

なりたち

参《まい-る・サン》は、三本《さんぼん》のかんざしを頭《あたま》にさして、ひざまずく人《ひと》のすがたからできた字《じ》だ。

むかしの漢字《かんじ》を見《み》るとわかるよ。

三《みっ》つのかんざしをあわせたから、「あつまる」という意味《いみ》に使《つか》われ、かんざしの長《なが》さがまちまちだから、「ふぞろい」という意味《いみ》にも使《つか》われた。

いまも、「お参《まい》り」「参加《さんか》」「参考《さんこう》」など、いろいろな意味《いみ》に使《つか》う字《じ》だ。

彡《（さん）》は、かんざしが光《ひか》ることをあらわしている。

かきじゅん　8画《かく》

ㄥ ム 厶 弁 矢 矣 参 参

ことばのれい

墓参《はかまい》り・参上《さんじょう》・参照《さんしょう》・参議院《さんぎいん》・降参《こうさん》

くんよみ　うーむ・（うぶ）

産

おんよみ　サン

むかしのかん字

はやわかり　となえことば

生《う》まれた子《こ》の
ひたいに
しるしを
つける産《さん》

なりたち

むかし、子《こ》どもが生《う》まれると、まよけのまじないに、ひたい（おでこ）に×のしるしを書《か》いた。産《う-む・サン》は、それをあらわした形《かたち》。

もとの字《じ》は産で、分解《ぶんかい》すると、文《ぶん》と厂《かん》と生《せい》だ。文《ぶん》は、まよけのもよう。厂《かん》は、ひたい。生《せい》は、「うまれる」ということだね。

❗顔《かお》は、成人式《せいじんしき》でおでこにしるしをつけた「かお」をあらわした字《じ》。

かきじゅん　11画《かく》

ことばのれい

産着《うぶぎ》・産業《さんぎょう》・産地《さんち》・安産《あんざん》・生産《せいさん》

散

くんよみ　ちーる・ちーらす

おんよみ　サン

はやわかり　となえことば

かたい肉《にく》
打《う》って
たたいて
散《ち》りぢりに

むかしのかん字

なりたち

散《ちーる・サン》は、かたいすじ肉《にく》を、たたいてほぐすことからできた字《じ》だ。むかしの漢字《かんじ》を見《み》てごらん。䒑（昔）が、すじ肉《にく》をあらわしている。攴（攴→攵）は、ぼうなどで打《う》つ形《かたち》。
散《サン》は、すじ肉《にく》をたたいてほぐすことから、「ちる」「ばらばらになる」という意味《いみ》になった。

かきじゅん　12画《かく》

一 十 卄 丗 丗 昔 昔 昔 昔 散 散 散

ことばのれい

散《ち》りぎわ・散歩《さんぽ》・散会《さんかい》・散財《さんざい》・散髪《さんぱつ》・分散《ぶんさん》・解散《かいさん》・発散《はっさん》・退散《たいさん》

くんよみ　のこーる

残

おんよみ　ザン

むかしのかん字

（殘）

はやわかり　となえことば

残《ざん》の字は
ほねが
残《のこ》っている形《かたち》

なりたち

残《のこーる・ザン》のもとの字は殘で、歹《（がつ）》と戔《（サン）》をあわせた形《かたち》。

歹《（がつ）》は、人《ひと》の骨《ほね》の形《かたち》だよ。

戔《（サン）》は、うすいものや小《ちい》さいものが重《かさ》なっていることをあらわす形《かたち》。

残《ザン》は、死《し》んだ人《ひと》の骨《ほね》が、わずかに残《のこ》っていることをあらわした字《じ》だ。

かきじゅん

一 ア 歹 歹 歹 歹 歹 残 残 残

10画《かく》

ことばのれい

残《のこ》り物《もの》・残暑《ざんしょ》・残雪《ざんせつ》・残業《ざんぎょう》・残念《ざんねん》・残酷《ざんこく》・無残《むざん》

くんよみ （うじ）

氏

おんよみ シ

むかしのかん字

はやわかり　となえことば

一族《いちぞく》そろって食事会《しょくじかい》
ナイフの形《かたち》が氏《し》の文字《もじ》だ

なりたち

同《おな》じ祖先《そせん》をもつ、血《ち》のつながりあった人《ひと》びとを「氏族《しぞく》」というよ。

古代中国《こだいちゅうごく》では、氏族《しぞく》の祭《まつ》りには肉《にく》をそなえた。そして、みんなでその肉《にく》を食《た》べたのだという。

氏《し》は、その食事会《しょくじかい》で、肉《にく》を切《き》るのに使《つか》ったナイフの形《かたち》からできた字《じ》。氏族《しぞく》のシンボルのナイフなんだ。

その祭《まつ》りに参加《さんか》する人《ひと》を氏《うじ》といった。

かきじゅん　4画《かく》

ことばのれい

氏子《うじこ》・氏神《うじがみ》・氏名《しめい》・氏族《しぞく》・源氏《げんじ》

くんよみ

司

おんよみ

シ

むかしのかん字

はやわかり　となえことば

𠙵《サイ》を開《ひら》いて　ぎしきを　おこなう　人《ひと》の司《し》だ

なりたち

司《シ》は、祭《まつ》りの儀式《ぎしき》をつかさどる人《ひと》をあらわした字《じ》。

むかしの漢字《かんじ》を見《み》てごらん。いのりのことばを入《い》れたうつわの𠙵《サイ》と、そのうつわを開《ひら》く道具《どうぐ》の形《かたち》だよ。その道具《どうぐ》を持《も》つのは、祭《まつ》りの儀式《ぎしき》をとりしきる人《ひと》だった。

そこから、司《シ》は、仕事《しごと》や役目《やくめ》を「つかさどること」や、「つかさどる人《ひと》」という意味《いみ》に使《つか》われる。

かきじゅん　5画《かく》

𠃌 𠃌 司 司 司

ことばのれい

司会《しかい》・司書《ししょ》・司祭《しさい》・司令《しれい》・司法《しほう》・上司《じょうし》・行司《ぎょうじ》・宮司《ぐうじ》

くんよみ　こころ-みる・(ため-す)

試

おんよみ　シ

むかしのかん字

はやわかり　となえことば

まじないの
道具《どうぐ》と
ことばで
試《こころ》みる

なりたち

試《こころーみる・シ》は、「こころみる」(ためしにやってみる)という意味《いみ》の字《じ》だ。

言(ごんべん)と式《シキ》で、試《シ》。

式《シキ》は、まじないの道具《どうぐ》を二《ふた》つあわせた形《かたち》で、悪《わる》いものをはらいきよめることをあらわしている。

言(ごんべん)は、ここでは、いのりの唱《とな》えことばをあらわす。

試《シ》のなりたちは、悪《わる》いものをはらって、いのりが通《つう》じるように試《こころ》みること。

かきじゅん　13画《かく》

、 亠 亠 亖 言 言 言 訁 訂 訂 試 試 試

ことばのれい

試《こころ》み・運試《うんだめ》し・試合《しあい》・試食《ししょく》・試用品《しようひん》・試験《しけん》・試練《しれん》

くんよみ
（こ）

児

おんよみ
ジ・（ニ）

むかしのかん字

（兒）

はやわかり　となえことば

かみの毛《け》をゆった
子《こ》どものすがたが児《じ》

なりたち

児《ジ》は、おさない子《こ》どものすがたからできた字《じ》だ。

古代中国《こだいちゅうごく》では、小《ちい》さな男《おとこ》の子《こ》は、絵《え》のようなかみがたをした。みずらというよ。

むかしの漢字《かんじ》は、そのかみがたを強調《きょうちょう》した形《かたち》だね。

児《ジ》は、子《こ》どもをあらわすのに使《つか》われる字《じ》。

かきじゅん

7画《かく》

ことばのれい

児童《じどう》・育児《いくじ》・幼児《ようじ》・乳児《にゅうじ》・女児《じょじ》・男児《だんじ》・小児科《しょうにか》・鹿児島県《かごしまけん》

くんよみ

おさ-める・なお-る

治

おんよみ

ジ・チ

むかしのかん字

はやわかり となえことば

水《みず》を治《おさ》める
ぎしきからできた治《じ》の文字《もじ》だ

なりたち

川《かわ》の水《みず》があふれると、洪水《こうずい》がおこる。そうした水《みず》の害《がい》をふせぐことを、「水《みず》を治《おさ》める」という。治《おさ-める・ジ》は、そのことをあらわした字《じ》だ。氵（さんずい）と台《タイ》で、治《ジ・チ》。台《タイ》は、ここでは、すきをきよめて豊《ほう》作《さく》をいのる儀式《ぎしき》をあらわす形《かたち》。治《ジ・チ》は、水《みず》を治《おさ》める儀式《ぎしき》からできた字《じ》で、世《よ》の中《なか》などを「おさめる」意味《いみ》に使《つか》われるようになった。

かきじゅん 8画《かく》

、 ⺀ 氵 汄 汄 沾 治 治

ことばのれい

治水《ちすい》・治安《ちあん》・治療《ちりょう》・政治《せいじ》・退治《たいじ》・全治《ぜんち》・自治会《じちかい》

くんよみ

滋

おんよみ　ジ

むかしのかん字

はやわかり　となえことば

糸《いと》たばが水《みず》をふくんでふくらむ滋《じ》

なりたち

滋《ジ》は、氵（さんずい）と茲《ジ》（茲）とに分《わ》けられる字《じ》。

糸《いと》がふたつならんでいるね。茲《ジ》は、上《うえ》のほうを結《むす》んだ糸《いと》たばをならべた形《かたち》。それを水《みず》にひたすことを滋《ジ》といった。

水《みず》につけると糸《いと》たばがふくらんで、大《おお》きく重《おも》くなるので、滋《ジ》には「ふえる」という意味《いみ》がある。そこから「うるおう」「養分《ようぶん》になる」という意味《いみ》にも使《つか》われる。

かきじゅん　12画《かく》

丶 冫 氵 氵 氵丷 氵䒑 … 滋

ことばのれい

滋味《じみ》・滋養《じよう》・滋賀県《しがけん》

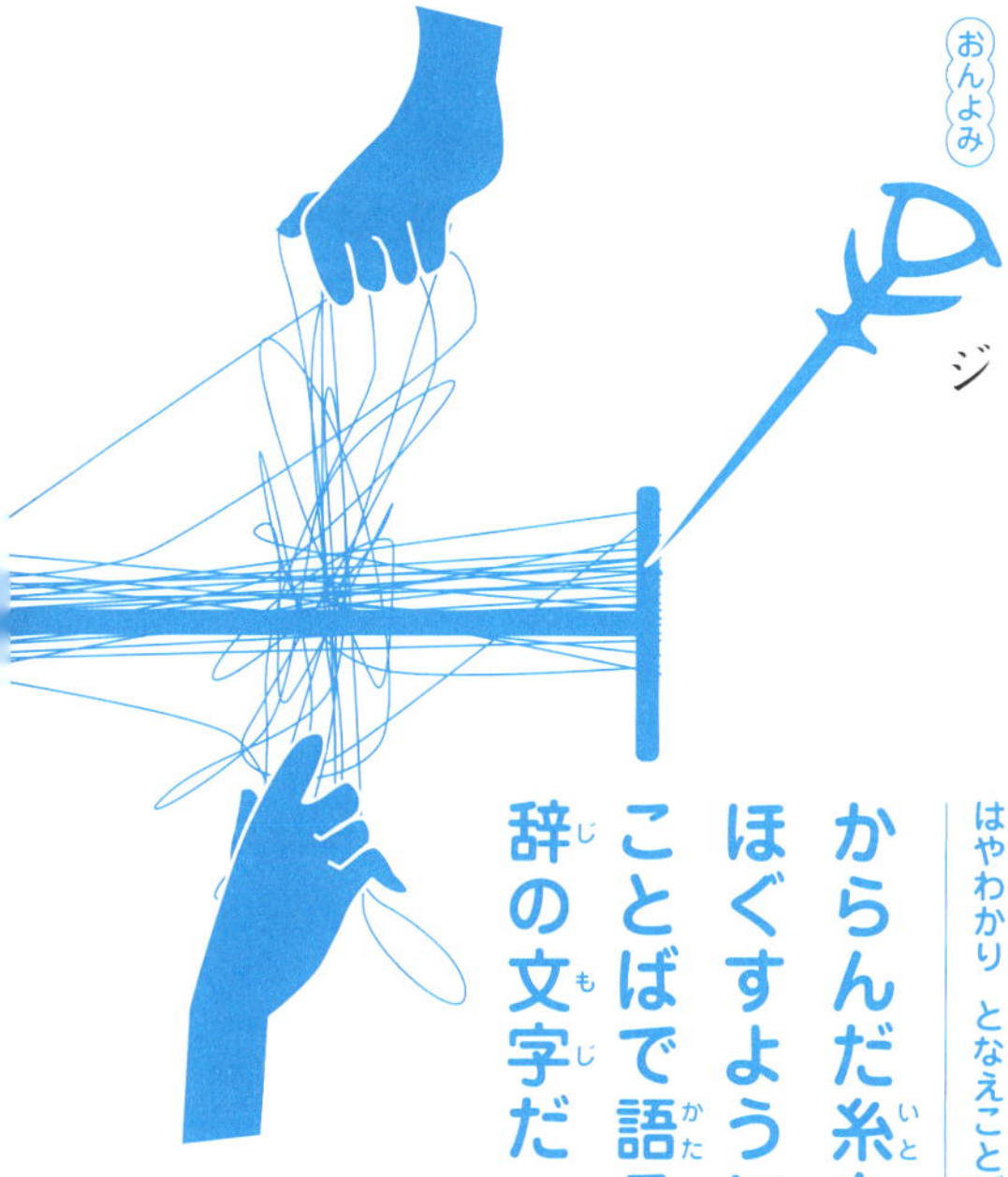

くんよみ

辞

（やーめる）

おんよみ
ジ

むかしのかん字

（辭）

はやわかり　となえことば

からんだ糸《いと》を
ほぐすように
ことばで語《かた》る
辞《じ》の文字《もじ》だ

なりたち

辞《ジ》は、むかし、裁判《さいばん》でうたがいをはらすことをあらわした字《じ》だ。

むかしの漢字《かんじ》を見《み》てごらん。

右《みぎ》がわの辛は、とってのついたはり。

左《ひだり》がわの𤔔は、かせにかけた糸《いと》の乱《みだ》れを、両手《りょうて》でときほぐそうとしている形《かたち》。

辞《ジ》は、こんがらがった糸《いと》をはりでときほぐすように、ことばでうたがいをとき明《あ》かすことをあらわした形《かたち》。

かきじゅん
13画《かく》

ことばのれい

辞書《じしょ》・辞典《じてん》・辞退《じたい》・辞任《じにん》・式辞《しきじ》・祝辞《しゅくじ》・お世辞《せじ》

くんよみ

鹿

しか・か

おんよみ

（ロク）

むかしのかん字

はやわかり　となえことば

うるわしい
角《つの》のりっぱな
鹿《しか》の文字《もじ》

なりたち

鹿《しか・ロク》は、シカのすがたからできた字《じ》。頭上《ずじょう》に美《うつく》しい角《つの》をふりかざした、牡鹿《おじか》（オスのシカ）だ。むかしの漢字《かんじ》を見《み》ると、それがよくわかるよ。

古代《こだい》、鹿《しか》は、中国《ちゅうごく》でも日本《にほん》でも、神《しん》聖《せい》なけものと考《かんが》えられていた。

！むかしの漢字《かんじ》をくらべてみよう。

鹿《しか》　馬《うま》　象《ぞう》

かきじゅん　11画《かく》

丶 亠 广 户 庐 庐 声 声 唐 唐 鹿

ことばのれい

鹿児島県《かごしまけん》・鹿島《かしま》・牡鹿《おじか》・牝鹿《めじか》・鹿苑《ろくえん》

くんよみ　うしなーう

失

おんよみ　シツ

むかしのかん字

はやわかり　となえことば

気《き》を失《うしな》うまで　おどる　すがたから　できた失《しつ》

なりたち

失《うしなーう・シツ》は、巫女《みこ》さんが、いのりをささげておどっているすがたからできた字《じ》なんだ。

むちゅうになっておどるうちに、われをわすれて、気《き》を失《うしな》うこともあった。それで失《シツ》は、「うしなう」という意味《いみ》の字《じ》になった。

！巫女《みこ》さんとは、神《かみ》につかえる女《おんな》の人《ひと》のこと。

かきじゅん　5画《かく》

ノ　𠂉　𠂉　⺧　失

ことばのれい

失敗《しっぱい》・失礼《しつれい》・失言《しつげん》・失望《しつぼう》・失恋《しつれん》・失神《しっしん》・消失《しょうしつ》・焼失《しょうしつ》・過失《かしつ》

くんよみ

借

かーりる

おんよみ

シャク

むかしのかん字

はやわかり　となえことば

借《しゃく》の字《じ》は
人《ひと》からなにかを
借《か》りること

なりたち

借《かーりる・シャク》は、「かりる」という意味《いみ》の字《じ》だ。亻（にんべん）と昔《セキ》だよ。昔《セキ》は「むかし」という字《じ》だけど、ここでは、ただ音《おん》をあらわすだけの役目《やくめ》。（セキがシャクに少《すこ》しかわった。）

物《もの》やお金《かね》を借《か》りること。知恵《ちえ》や力《ちから》を借《か》りること。借《か》りるものはいろいろだけど、どれも人《ひと》から借《か》りるから、借《シャク》は、にんべんの字《じ》なんだね。

かきじゅん　10画《かく》

ことばのれい

借《か》り物《もの》・借《か》り手《て》・間借《まが》り・借用《しゃくよう》・借金《しゃっきん》・借地《しゃくち》・借景《しゃっけい》

くんよみ たね

おんよみ シュ

種

むかしのかん字

はやわかり となえことば

のぎへんと 重《じゅう》をあわせた こくもつの種《たね》

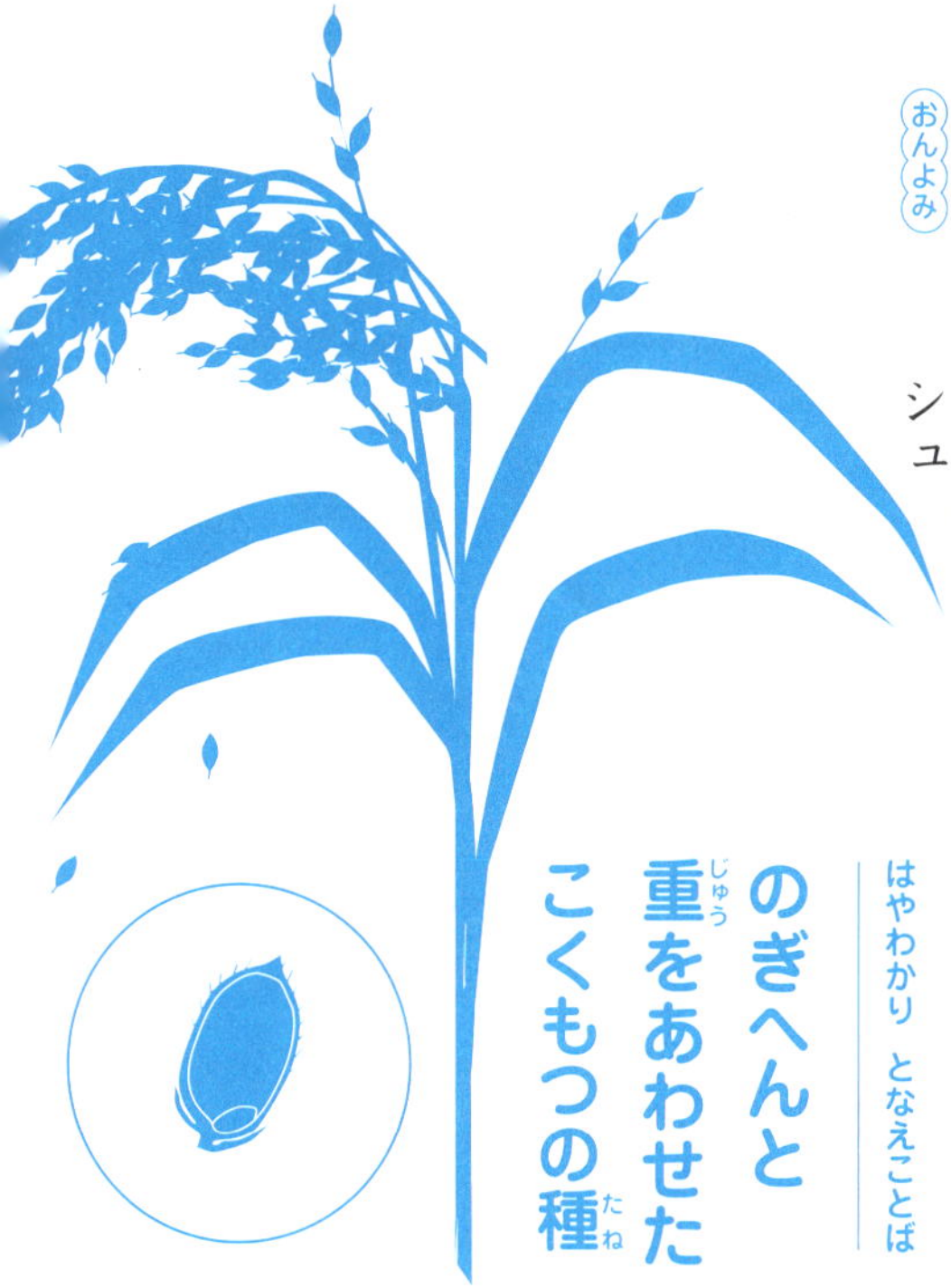

なりたち

種《たね・シュ》は、禾《か》（のぎへん）と重《ジュウ》。

イネや麦《むぎ》など、こくもつの「たね」をあらわした字《じ》だ。

重《ジュウ》は、ふくろにものをつめた形《かたち》。たねは、小《ち》さいけれど、いのちのつまったふくろのようなものだよね。

禾《か》（のぎへん）は、イネなどのこくもつをあらわす形《かたち》。

種《シュ》は、いまでは、さまざまなものの「たね」や「種類《しゅるい》」をあらわす。

かきじゅん 14画《かく》

ことばのれい

種明《たねあ》かし・菜種《なたね》・火種《ひだね》・変《か》わり種《だね》・種子《しゅし》・種目《しゅもく》・種類《しゅるい》・人種《じんしゅ》・業種《ぎょうしゅ》

くんよみ まわ-り

周

おんよみ シュウ

むかしのかん字

はやわかり となえことば

武器《ぶき》のたてにびっしりもようをほった周《しゅう》

なりたち

周《まわ-り・シュウ》の、むかしの漢字《かんじ》を見《み》てごらん。上《うえ》の田は、武器《ぶき》のたての表面《ひょうめん》に、彫刻《ちょうこく》のもようがある形《かたち》。田に、あとから、いのりのことばを入《い》れるうつわの口《サイ》がくわわった。もようを全体《ぜんたい》にほりめぐらせたことから、周《シュウ》は、「めぐる」とか「ぐるりとまわる」という意味《いみ》になった。

かきじゅん 8画《かく》

丿 冂 円 円 周 周 周 周

ことばのれい

周《まわ》り・周囲《しゅうい》・周期《しゅうき》・周辺《しゅうへん》・周遊《しゅうゆう》・一周《いっしゅう》・円周《えんしゅう》

祝

くんよみ

いわ-う

おんよみ

シュク・（シュウ）

むかしのかん字

はやわかり　となえことば

𠙵《サイ》をかかげて　祭《さい》だんのまえでいのる祝《しゅく》

なりたち

古代中国《こだいちゅうごく》では、神《かみ》につかえる男《おとこ》の人《ひと》を祝《シュク》といった。

祝《いわ-う・シュク》は、ネ（しめすへん）と兄《けい》だよ。

ネは、神《かみ》をまつるつくえの形《かたち》。示→示→ネと、形《かたち》をかえた。

兄《けい》は、𠙵《サイ》（いのりのことばをおさめたうつわ）をささげていのる人《ひと》の形《かたち》。

祝《シュク》はやがて、「いわう」という意味《いみ》にも使《つか》われるようになった。

かきじゅん　9画《かく》

、 ラ ネ ネ ネ 礼 礼 祀 祝

ことばのれい

入学祝《にゅうがくいわ》い・前祝《まえいわ》い・祝日《しゅくじつ》・祝福《しゅくふく》・祝賀会《しゅくがかい》・祝言《しゅうげん》

くんよみ

順

おんよみ

ジュン

むかしのかん字

はやわかり　となえことば

川《かわ》のそば
安全《あんぜん》をいのるすがたの順《じゅん》

なりたち

順《ジュン》は、川《かわ(セン)》と頁（おおがい）だよ。

頁（おおがい）は、おがむ人《ひと》のすがたを横《よこ》から見《み》た形《かたち》。

順《ジュン》のなりたちは、川《かわ》をわたるときの儀式《ぎしき》なんだ。いのって、安全《あんぜん》をたしかめて、そのきまりにしたがって川《かわ》をわたった。

順《ジュン》は、すなおにしたがうことや、物《もの》事《ごと》の順序《じゅんじょ》という意味《いみ》に使《つか》われる字《じ》。

かきじゅん

12画《かく》

ことばのれい

順番《じゅんばん》・順応《じゅんのう》・順調《じゅんちょう》・順当《じゅんとう》・席順《せきじゅん》・道順《みちじゅん》・書《か》き順《じゅん》・手順《てじゅん》

くんよみ
はじ-め・はじ-めて
はつ・(そ-める)・(うい)

初

おんよみ
ショ

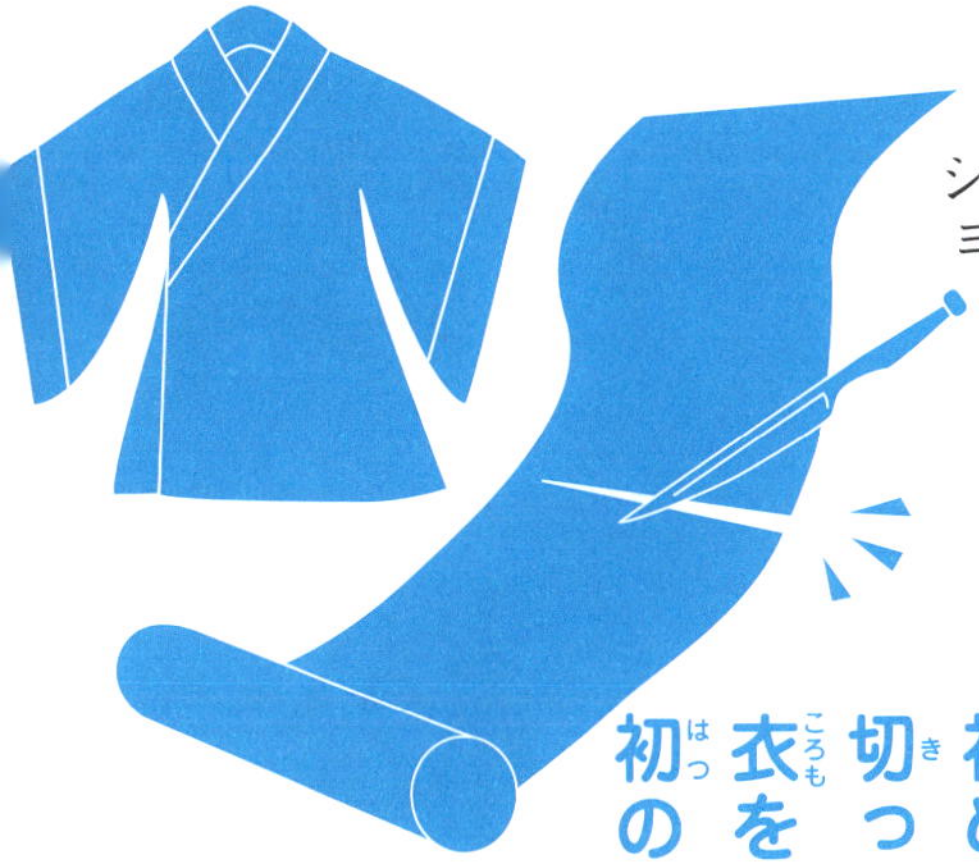

むかしのかん字

はやわかり となえことば

**初《はじ》めに刀《かたな》で
切《き》ってから
衣《ころも》をつくる
初《はつ》の字《じ》だ**

なりたち

初《はつ・ショ》は、衣《ころも》(ネ・ころもへん)と刀《かたな》をあわせた形《かたち》の字《じ》。あわさるときに、衣《ころも》がネになった。

刀《かたな》は、刃物《はもの》で切《き》ることをあらわしている。

初《ショ》は、とくべつな衣服《いふく》を作《つく》るとき、さいしょに布《ぬの》にはさみを入《い》れる(刃物《はもの》で切《き》る)ことをあらわした字《じ》。

!衣《ころも》のなりたちは、19ページを見《み》てね。

かきじゅん 7画《かく》

、ラネネ初初

ことばのれい

年《とし》の初《はじ》め・初雪《はつゆき》・初夢《はつゆめ》・書《か》き初《ぞ》め・初期《しょき》・初級《しょきゅう》・初夏《しょか》・初心《しょしん》・最初《さいしょ》

くんよみ まつ

松

おんよみ ショウ

むかしのかん字

はやわかり となえことば

一年中《いちねんじゅう》
あおあおとした
松《まつ》の木《き》だ

なりたち

松《まつ・ショウ》とは、マツの木《き》のこと。力強《ちからづよ》い枝《えだ》ぶりで、寒《さむ》い冬《ふゆ》にも緑《みどり》の葉《は》をつけているので、めでたい木《き》とされている。

松《まつ・ショウ》は、木（きへん）に公《コウ》。公《コウ》は音《おん》をあらわすだけの役目《やくめ》。（公《コウ》は、あわせ漢字《かんじ》のなかでは、ショウという音《おん》をあらわすことがあるんだ。）

！木《き》の名前《なまえ》だよ。「きへん」をとると、知《し》っている形《かたち》がのこるよ。
梅《うめ》、桜《さくら》、柿《かき》、杉《すぎ》、桂《かつら》、楓《かえで》、椿《つばき》、柊《ひいらぎ》、楠《くすのき》。

かきじゅん 8画《かく》

一 十 才 木 朩 朳 松 松

ことばのれい

門松《かどまつ》・松林《まつばやし》・松葉《まつば》づえ・松竹梅《しょうちくばい》

笑

くんよみ　わら-う・（え-む）

おんよみ　（ショウ）

むかしのかん字

はやわかり　となえことば

両手《りょうて》をあげて
首《くび》をかしげて
笑《わら》っておどる

なりたち

笑《わらーう・ショウ》は、巫女《みこ》さんが、身《み》をくねらせておどるすがたからできた字《じ》だ。神《かみ》さまを楽《たの》しませるために、笑《わら》いながらおどった。それで、「わらう」という意味《いみ》の字《じ》になったんだ。

竹（たけかんむり）の部分《ぶぶん》は、もともとは、上《うえ》にあげた両手《りょうて》の形《かたち》だった。

かきじゅん　10画《かく》

ことばのれい

笑《わら》い話《ばなし》・笑顔《えがお》・苦笑《くしょう》・談笑《だんしょう》・微笑《びしょう》

おもしろい漢字《かんじ》の話《はなし》❸

農業《のうぎょう》のぶじをいのる

「イネが害虫《がいちゅう》にやられませんように」
「大雨《おおあめ》や日《ひ》でりになりませんように」
「今年《ことし》も、お米《こめ》がぶじに育《そだ》ちますように」

古代《こだい》の人《ひと》びとのそうしたねがいが、文字《もじ》の形《かたち》にこめられているよ。

たがやす道具《どうぐ》をきよめて、農業《のうぎょう》のぶじと豊作《ほうさく》をいのる儀式《ぎしき》をしたんだ。

年賀《ねんが》の「賀《が》」も、そうした儀式《ぎしき》をあらわす文字《もじ》だよ。

始 はじ-める・シ

❸

年《とし》の始《はじ》まりに農具《のうぐ》をきよめて豊作《ほうさく》をいのった。

くわ-える・カ
❹

加

力（すき）をはらいきよめ、作物《さくもつ》がたくさんとれることをねがった。

しず-か・セイ
❹

静

すきを青《あお》い絵《え》の具《ぐ》（青丹《せいたん》）できよめ、農作《のうさ》業《ぎょう》のぶじをいのった。

ロウ
❹

労

力（すき）を火《ひ》できよめて、農作業《のうさぎょう》のぶじをいのった。

か-つ・ショウ
❸
勝

そなえものをささげ、力（すき）にいのりをこめて、豊作《ほうさく》をねがった。それでよい結果《けっか》になることが、勝《しょう》。

（❸と❹は、習《なら》う学年《がくねん》）

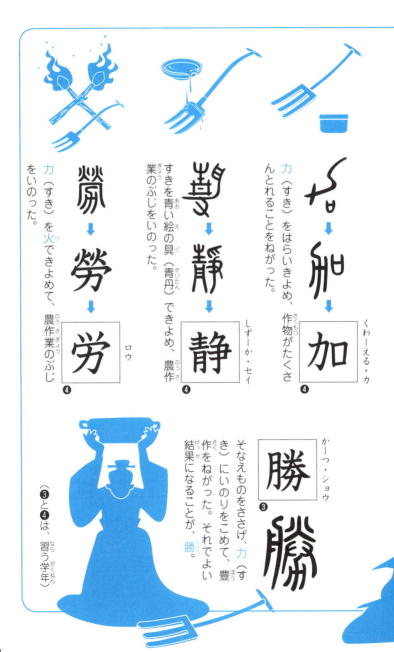

くんよみ　となーえる

唱

おんよみ　ショウ

むかしのかん字

はやわかり　となえことば

口《くち》をあけ　はっきり歌《うた》う　唱《しょう》の字《じ》だ

なりたち

唱《となーえる・ショウ》は、「合唱《がっしょう》」の唱《ショウ》だよ。口《くち》と昌《ショウ》とに分《わ》けられる字《じ》。口《くち》は、ここでは、人《ひと》の「くち」をあらわす。昌《ショウ》は、ショウという音《おん》をあらわす部分《ぶぶん》。唱《ショウ》は、口《くち》をあけて、大《おお》きな声《こえ》で歌《うた》うこと。

かきじゅん　11画《かく》

ことばのれい

唱《とな》えことば・唱歌《しょうか》・合唱《がっしょう》・暗唱《あんしょう》・提唱《ていしょう》・二重唱《にじゅうしょう》

くんよみ

焼

やーく

おんよみ

（ショウ）

むかしのかん字

燒

（燒）

はやわかり　となえことば

火《ひ》で焼《や》いて
土器《どき》を
つくるよ
焼《しょう》の文字《もじ》

なりたち

焼《やーく・ショウ》のなりたちは、やきものを焼《や》くこと。

焼《ショウ》は、火《ひ》と尭《ギョウ》とに分《わ》けられる字《じ》。尭《ギョウ》の、もとの形《かたち》は堯。土《つち》が三《みっ》つあるね。かまどのなかに土器《どき》をつみあげた形《かたち》だよ。

それを火《ひ》でやくことをあらわしたのが、焼《ショウ》の字《じ》だ。

かきじゅん

12画《かく》

焼

ことばのれい

焼《や》き肉《にく》・焼《や》き物《もの》・夕焼《ゆうや》け・日焼《ひや》け・炭焼《すみや》き・焼失《しょうしつ》・全焼《ぜんしょう》

くんよみ　てーる

おんよみ　ショウ

照

むかしのかん字

はやわかり　となえことば

昭《しょう》によってん（灬）
光《ひかり》が照《て》ること
照《しょう》の文字《もじ》

なりたち

照《てーる・ショウ》は、光《ひかり》でまわりをてらすという意《い》味《み》の字《じ》だ。昭《ショウ》と灬（よってん）だよ。昭《ショウ》は、「あきらか」「かがやく」という意味《いみ》の字《じ》。（日《ひ》＋召《ショウ》だよ。）灬（よってん）は、火《ひ》なんだ。むかしの漢字《かんじ》には、火（火）の形《かたち》があるね。それが下《した》にかたよって、灬になった。お日《ひ》さまも、火《ひ》も、暗《くら》いところを明《あか》るく照《て》らすからね。

かきじゅん　13画《かく》

ことばのれい

日照《ひで》り・照明《しょうめい》・照合《しょうごう》・照準《しょうじゅん》・参照《さんしょう》・対照的《たいしょうてき》

くんよみ しろ

おんよみ ジョウ

城

むかしのかん字

はやわかり　となえことば

土《つち》と成《せい》　城壁《じょうへき》きずいて　守《まも》る城《しろ》

なりたち

城《しろ・ジョウ》の、むかしの漢字《かんじ》を見《み》てごらん。

左《ひだり》がわの𩫖は、ぐるりとかこむ城《じょう》壁《へき》の上下《じょうげ》に、ものみやぐらを書《か》いた形《かたち》。絵《え》と見《み》くらべるとわかるよ。

右《みぎ》がわの戉（成《セイ》）は、武器《ぶき》の戈《ほこ》にかざりをつけた形《かたち》。

だから、城《ジョウ》は、城壁《じょうへき》と武器《ぶき》で守《まも》られた都市《とし》をあらわしている。

かきじゅん　9画

一 十 土 圹 圹 坊 城 城 城

ことばのれい

城跡《しろあと》・根城《ねじろ》・城下町《じょうかまち》・城門《じょうもん》・城壁《じょうへき》・築城《ちくじょう》・落城《らくじょう》・宮城県《みやぎけん》・茨城県《いばらきけん》

くんよみ

縄《なわ》

おんよみ

（ジョウ）

むかしのかん字

（繩）

はやわかり　となえことば

長《なが》い縄《なわ》　ぴーんとはって

正《ただ》しくはかる

なりたち

縄《なわ・ジョウ》とは、長《なが》い「なわ」のこと。糸（いとへん）と黽《ヨウ》（黽）とに分《わ》けられる字《じ》。

むかし、なわの太《ふと》いものを策《さく》といい、細《ほそ》いものを縄《なわ》といったのだという。

縄《なわ》は、大工《だいく》さんが材木《もくざい》に線《せん》をしるす道具《どうぐ》の「墨縄《すみなわ》」の意味《いみ》にも使《つか》われたので、「はかる」（測量《そくりょう》する）という意味《いみ》ももっている。

かきじゅん

15画《かく》

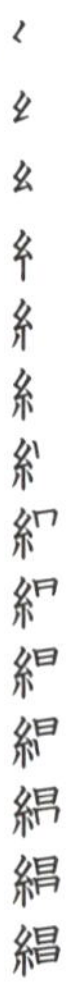

縄

ことばのれい

縄《なわ》とび・縄張《なわば》り・沖縄県《おきなわけん》・縄文土器《じょうもんどき》

臣

くんよみ

おんよみ

シン・ジン

はやわかり　となえことば

上《うえ》を見《み》る大《おお》きな目玉《めだま》
けらいの臣《しん》

むかしのかん字

なりたち

臣《シン》の、むかしの漢字《かんじ》を見《み》てごらん。上《うえ》のほうを見《み》ている大《おお》きな目玉《めだま》なんだ。この目《め》の形《かたち》で、神《かみ》につかえる「けらい」をあらわした。
やがて臣《シン》は、王《おう》や殿《との》さまにつかえるけらいの意味《いみ》になった。

かきじゅん　7画《かく》

ことばのれい

臣下《しんか》・臣民《しんみん》・家臣《かしん》・大臣《だいじん》

くんよみ

信

おんよみ

シン

はやわかり　となえことば

神《かみ》かけて
やくそくしたこと
信《しん》という

むかしのかん字

なりたち

信《シン》は、亻（にんべん）と言《ゲン》だよ。

言《ゲン》は、ちかい（やくそく）のことば。𠙵《サイ》の上《うえ》にはりをたてて、「うそじゃありません」と神《かみ》にちかうことをあらわした形《かたち》だ。

信《シン》とは、そのようなちかいを人《ひと》にたいしてすること。

やくそくを守《まも》る人《ひと》は信《しん》じられるからね。

かきじゅん

9画《かく》

ことばのれい

信《しん》じる・信用《しんよう》・信頼《しんらい》・信心《しんじん》・信号《しんごう》・通信《つうしん》・送信《そうしん》・返信《へんしん》・自信《じしん》・過信《かしん》

くんよみ

井《い》

おんよみ
（セイ）・（ショウ）

むかしのかん字

はやわかり　となえことば

木《き》のわくを
井《い》の字《じ》に
くんだ
井戸《いど》のふち

なりたち

むかし、地下水《ちかすい》をくみあげるために井戸《いど》をほった。ふかい穴《あな》をほり、つるしたおけ（つるべ）をそこへ下《お》ろして、地下水《ちかすい》をすくったんだ。

井《い・セイ》は、その井戸《いど》のまわりを、木《き》で「井《い》」の形《かたち》にとりかこんだ「いげた」の形《かたち》。

！丼《どん》は、井《い》に点《てん》を打《う》った形《かたち》。まん中《なか》の点《てん》は、水《みず》をくむおけかもしれないね。日本語《にほんご》では「どんぶり」の意味《いみ》に使《つか》われる字《じ》だ。

かきじゅん
一　二　ナ　井
4画《かく》

ことばのれい
井戸《いど》・福井県《ふくいけん》・市井《しせい》・天井《てんじょう》

成

くんよみ なーる

おんよみ セイ・（ジョウ）

むかしのかん字

はやわかり となえことば

武器《ぶき》のほこ（戈）
かざりをつけて
完成《かんせい》だ

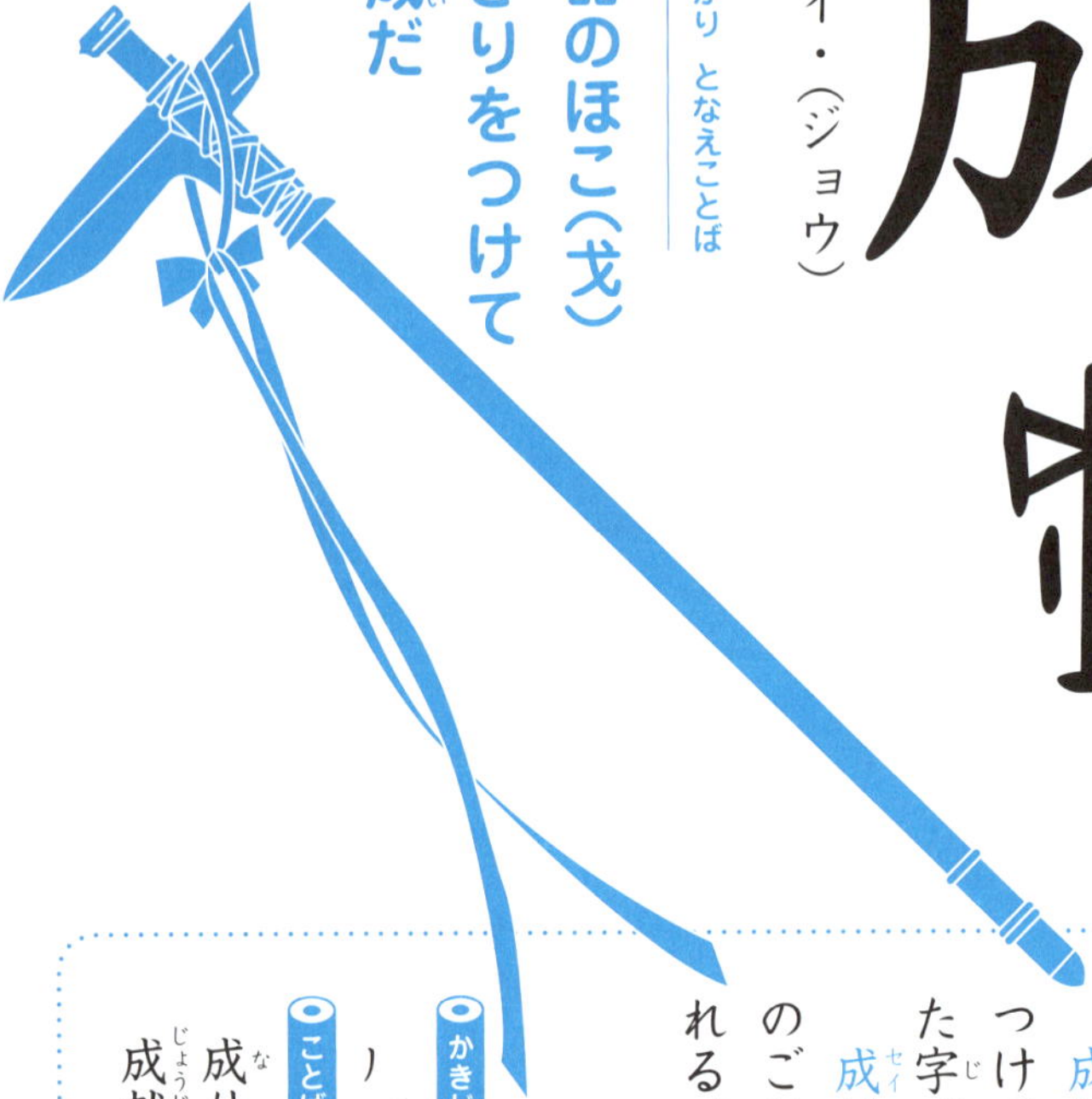

なりたち

むかし、武器《ぶき》や道具《どうぐ》ができあがったときには、おはらいをしてから使《つか》った。成《なーる・セイ》は、武器《ぶき》のほこ（戈）にかざりをつけて、おはらいすることをあらわした字《じ》。「これで完成《かんせい》！」ということだ。成《セイ》は、ものができあがることや、ものごとを成《な》しとげるという意味《いみ》に使《つか》われる。

かきじゅん 6画《かく》

丿 厂 万 成 成 成

ことばのれい

成《な》り立《た》ち・成長《せいちょう》・成人《せいじん》・成功《せいこう》・成立《せいりつ》・成就《じょうじゅ》・完成《かんせい》・賛成《さんせい》・結成《けっせい》

くんよみ はぶ-く・(かえり-みる)

おんよみ セイ・ショウ

省

むかしのかん字

はやわかり となえことば

目《め》の上《うえ》にかざりをつけて見《み》まわる省《せい》

なりたち

省《はぶ-く・セイ》のむかしの漢字《かんじ》は、目《め》の上《うえ》にかざりをつけた形《かたち》だよ。

このかざりが、ものごとを見《み》ぬく力《ちから》を強《つよ》めると、古代《こだい》の人《ひと》は考《かんが》えていた。省《セイ》は、かざりをつけた目《め》で、見《み》まわることをあらわした字《じ》。

それで省《セイ》は、「ものをよく見《み》て考《かんが》える」という意味《いみ》に使《つか》われるようになった。考《かんが》えて、よけいなものをとりのぞくことから、「はぶく」という意味《いみ》も生《う》まれた。

かきじゅん 9画《かく》

亅 ⺌ 小 少 少 省 省 省

ことばのれい

省略《しょうりゃく》・省察《しょうさつ》・省庁《しょうちょう》・反省《はんせい》・帰省《きせい》

くんよみ

清

きよ-い

おんよみ

セイ・（ショウ）

むかしのかん字

はやわかり となえことば

すみきった 清《きよ》らかな水《みず》を あらわす清《せい》

なりたち

清《きよ-い・セイ》は、氵（さんずい）と青《セイ》の字《じ》だよ。

氵（さんずい）は、水《みず》だね。

青《セイ》は、ここでは、すみきっていることをあらわしている。

清《セイ》は、すみきった清《きよ》い水《みず》をあらわした字《じ》。

❗青《あお・セイ》のなりたちは、土《つち》からとった鉱物《こうぶつ》の青《あお》い絵《え》の具《ぐ》（青丹《せいたん》というよ）。にごりのない、きれいな青色《あおいろ》だ。

かきじゅん 11画《かく》

丶 冫 氵 氵一 汁 汴 浐 淸 清 清 清

ことばのれい

清《きよ》らか・清算《せいさん》・清書《せいしょ》・清潔《せいけつ》・清水《しみず》

くんよみ

静

しず-か

おんよみ

セイ・（ジョウ）

むかしのかん字

はやわかり　となえことば

青《あお》いえのぐで　すきをきよめた　ぎしきが静《せい》

なりたち

静《しずーか・セイ》は、青《セイ》と争《ソウ》をあわせた字《じ》。

青《セイ》は、土《つち》からとった青《あお》い絵《え》の具《ぐ》。

争《ソウ》は、ここでは、たがやす道具《どうぐ》のすきをあらわしている。

すきを青《あお》い絵《え》の具《ぐ》（青丹《せいたん》）できよめて、作物《さくもつ》がたくさんとれるように願《ねが》った儀式《ぎしき》が、静《セイ》のなりたち。

悪《わる》いことがおこらずに、静《しず》かでおだやかな一年《いちねん》でありますようにと、いのったんだね。

かきじゅん

一 十 キ 主 丰 青 青 青 青 青 青 静 静 静

14画《かく》

ことばのれい

静止《せいし》・静養《せいよう》・静電気《せいでんき》・静脈《じょうみゃく》・安静《あんせい》・冷静《れいせい》・平静《へいせい》・静岡県《しずおかけん》

くんよみ

席

おんよみ

セキ

むかしのかん字

はやわかり　となえことば

しきものをしいて
席《せき》をつくります

なりたち

「席《せき》につく」っていうね。席《セキ》は、人《ひと》がすわる「せき」のことだ。むかしの漢字《かんじ》を見《み》てごらん。厂は、たてもの。は、ござのような「しきもの」なんだ。席《セキ》は、たてもののなかにしきものをしいて、人《ひと》がすわるための席《せき》をつくることをあらわした形《かたち》。

かきじゅん

、 亠 广 户 庐 庐 庐 庐 庐 席

10画《かく》

ことばのれい

席順《せきじゅん》・出席《しゅっせき》・欠席《けっせき》・着席《ちゃくせき》・座席《ざせき》・客席《きゃくせき》・打席《だせき》・議席《ぎせき》

積

くんよみ　つ－む・つ－もる

おんよみ　セキ

むかしのかん字

はやわかり　となえことば

こくもつを
積《つ》んで
おさめた
税《ぜい》が積《せき》

なりたち

積《つーむ・セキ》のもともとの意味《いみ》は、税《ぜい》としておさめる農作物《のうさくぶつ》のこと。
禾《か》（のぎへん）と責《セキ》で、積《セキ》。
禾《か》は、イネやこくもつをあらわす形《かたち》。
責《セキ》は、むかしの税金《ぜいきん》をあらわす字《じ》。
お米《こめ》などをたくさん積《つ》んでおさめたから、積《セキ》は「つむ」という意味《いみ》になった。

！おりものでおさめた税《ぜい》は、績《せき》とかいた。

かきじゅん　16画《かく》

一 二 千 千 禾 禾 禾 秆 秆 秸 秸 精 稍 稍 積 積

ことばのれい

積《つ》み木《き》・山積《やまづ》み・積雪《せきせつ》・面積《めんせき》・体積《たいせき》

くんよみ　おーる・おり

折

おんよみ　セツ

はやわかり　となえことば

草木《くさき》を　おの（斤）で　切《き》って折《お》る

むかしのかん字

なりたち

折《おーる・セツ》は、もともとは、艹（くさ）と斤《キン》（おの）をあわせた字《じ》だった。草木《くさき》を切《き》ることや、折《お》ることをあらわしている。

むかし、かたい約束《やくそく》をかわすときには、草木《くさき》を切《き》ったり、矢《や》を折《お》ったりして、ちかったのだという。

それで「誓《ちか》う」という字《じ》には、折《セツ》の字《じ》がある。

かきじゅん

一 十 扌 扌 扩 扩 折

7画《かく》

ことばのれい

折《お》り紙《がみ》・折《お》り返《かえ》し・折《お》り目《め》・指《ゆび》折《お》り・折半《せっぱん》・右折《うせつ》・左折《させつ》・骨折《こっせつ》

節

くんよみ
ふし

おんよみ
セツ・（セチ）

むかしのかん字

はやわかり　となえことば

竹《たけ》ふだを もって出《で》かけた 使節《しせつ》の節《せつ》

なりたち

むかし、王《おう》の使者《ししゃ》が遠《とお》くへ行《い》くときには、正式《せいしき》な使者《ししゃ》の身分《みぶん》をあらわすものとして、竹《たけ》のふだを持《も》っていった。節《ふし・セツ》は、その竹《たけ》ふだをあらわした字《じ》。だから、王《おう》の使者《ししゃ》を「使節《しせつ》」という。「節《セツ》（竹《たけ》ふだの証明書《しょうめいしょ》）を持《も》った使《つか》い」という意味《いみ》だね。

かきじゅん

13画《かく》

ことばのれい

節目《ふしめ》・節穴《ふしあな》・節度《せつど》・節約《せつやく》・節分《せつぶん》・礼節《れいせつ》・季節《きせつ》・関節《かんせつ》・お節料理《せちりょうり》

くんよみ　とーく

おんよみ　セツ・(ゼイ)

説

むかしのかん字

はやわかり　となえことば

もともとは　いのりがつうじて　よろこぶのが説《せつ》

なりたち

説《とーく・セツ》は、言（ごんべん）と兌《エツ》（兑）。
兌《エツ》は、神《かみ》にいのる人《ひと》（兄《ケイ》）の上《うえ》に霊《れい》
感《かん》（八）がおりる形《かたち》。
説《セツ》はもともと、「いのりがつうじて
よろこぶ」という意味《いみ》の字《じ》だった。
言（ごんべん）は、ちかいやいのりの
ことばをあらわしている。
やがて説《セツ》は、意見《いけん》や考《かんが》えを言《い》うこと
などをあらわす字《じ》になった。

かきじゅん　14画《かく》

、 亠 亠 亠 言 言 言 訁 訁 訁 訁 訁 訁 説

ことばのれい

口説《くど》く・説明《せつめい》・説教《せっきょう》・説得《せっとく》・力説《りきせつ》・
解説《かいせつ》・演説《えんぜつ》・小説《しょうせつ》・伝説《でんせつ》・遊説《ゆうぜい》

くんよみ

浅

あさ-い

おんよみ

（セン）

むかしのかん字

（淺）

はやわかり　となえことば

浅《セン》の字《じ》は　水《みず》が少《すく》なくて　浅《あさ》いこと

なりたち

浅《あさ-い・セン》は、「水《みず》があさいこと」をあらわした字《じ》。

浅《あさ-い・セン》の、もとの形《かたち》は淺。分《わ》けると、氵（さんずい）と戔《(セン)》だよ。

戔《(セン)》は、うすいものを重《かさ》ねた形《かたち》で、「うすいもの」「細《ほそ》いもの」「小《ちい》さいもの」をあらわす形《かたち》。

氵（さんずい）は、水《みず》だね。

かきじゅん　9画《かく》

ことばのれい

浅瀬《あさせ》・浅黒《あさぐろ》い・遠浅《とおあさ》・深浅《しんせん》

くんよみ たたか-う・(いくさ)

戦

おんよみ セン

むかしのかん字

戰

(戰)

はやわかり となえことば

たて(単)と
ほこ(戈)
二《ふた》つあわせて
戦《せん》の文字《もじ》

なりたち

戦《たたか-う・セン》は、「たたかう」という意味《いみ》の字《じ》だ。分《わ》けると、単《たん》と戈《か》で、どちらも武《ぶ》器《き》の形《かたち》だよ。
単《たん》は、身《み》を守《まも》るためのたて。戈《か》は、攻撃《こうげき》するためのほこ。
戦《セン》は、片手《かたて》にたてを持《も》ち、片手《かたて》にほこを持《も》って、戦《たたか》うことからできた字《じ》。

！単《たん》(單)のなりたちは、161ページを見《み》てね。

かきじゅん 13画《かく》

、 丷 ⺍ ⺍ 当 当 当 当 単 単 戦 戦 戦

ことばのれい

負《ま》け戦《いくさ》・戦争《せんそう》・戦場《せんじょう》・戦士《せんし》・戦車《せんしゃ》・苦戦《くせん》・決勝戦《けっしょうせん》・雪合戦《ゆきがっせん》

くんよみ えら-ぶ

選

おんよみ セン

はやわかり となえことば

選《えら》ばれた 二人《ふたり》が ならんで おどる選《せん》

むかしのかん字

なりたち

選《えら-ぶ・セン》の、むかしの漢字《かんじ》を見《み》てごらん。右《みぎ》がわの（巽）は、舞台《ぶたい》の上《うえ》で二人《ふたり》の人《ひと》が、ならんでおどるすがただよ。神《かみ》にささげるおどりなんだ。

選《セン》は、この二人《ふたり》のおどりが、よくそろっていることをあらわした形《かたち》。おどりのじょうずな人《ひと》が選《えら》ばれたから、「えらぶ」という意味《いみ》になった。（しんにょう）は、動《うご》きをあらわしている。

かきじゅん 15画《かく》

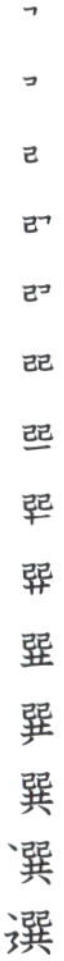

ことばのれい

品選《しなえら》び・選手《せんしゅ》・選挙《せんきょ》・予選《よせん》・当選《とうせん》

くんよみ

然

おんよみ

ゼン・ネン

むかしのかん字

はやわかり　となえことば

犬《いぬ》の
肉《にく》をやき
においを
天《てん》にとどける然《ぜん》

なりたち

古代中国《こだいちゅうごく》では、犬《いぬ》が、神《かみ》へのささげものにされた。犬《いぬ》の肉《にく》をやいて、天《てん》の神《かみ》にそのにおいをとどけ、自然災害《しぜんさいがい》などが起《お》こらないようにいのった。
然《ゼン・ネン》は、それをあらわした形《かたち》。
然《ぜん》の字《じ》のなかに、犬《いぬ》があるね。夕は「肉《にく》」。灬は火《ひ》だよ。然《ゼン》はさいしょ、「肉《にく》がもえる」という意味《いみ》の字《じ》だった。

！然《ゼン》に火《ひ》をくわえて、「燃《も》える」という字《じ》があとからできた。

かきじゅん　12画《かく》

ことばのれい

自然《しぜん》・全然《ぜんぜん》・当然《とうぜん》・整然《せいぜん》・天然《てんねん》

くんよみ　あらそ-う

おんよみ　ソウ

争

むかしのかん字

（爭）

はやわかり　となえことば

ぼうを手《て》で　引《ひ》っぱりあって　争《あらそ》うよ

なりたち

争《あらそ-う・ソウ》は、「あらそう」という字《じ》だ。争《ソウ》の、もとの字《じ》は爭。絵《え》とむかしの漢字《かんじ》を、よく見《み》くらべてみよう。

上《うえ》の手《て》（）と下《した》の手《て》（）で、一本《いっぽん》のぼう（）を引《ひ》っぱりあっている形《かたち》だよ。

二人《ふたり》の人《ひと》がぼうを引《ひ》きあう形《かたち》で、「あらそう」ことをあらわしている。つな引《ひ》きみたいだね。

かきじゅん　6画《かく》

ことばのれい

言《い》い争《あらそ》い・争点《そうてん》・競争《きょうそう》・戦争《せんそう》・紛争《ふんそう》

くんよみ くら

おんよみ ソウ

倉

むかしのかん字

はやわかり　となえことば

三角《さんかく》やね　こくもつを
たくわえておく倉《くら》だ

なりたち

倉《くら・ソウ》は、お米《こめ》などのこくもつを入《い》れておく「くら」の形《かたち》からできた字《じ》。三角《さんかく》のやねがあって、その下《した》に、ふくろに入《い》れたこくもつがある。

お米《こめ》などのこくもつは、だいたいが、一年《いちねん》にいちどだけとれるものだ。それをたいせつにとっておいて、食《た》べたんだよ。

かきじゅん　10画《かく》

ノ 𠆢 亼 今 今 今 今 倉 倉 倉

ことばのれい

米倉《こめぐら》・胸倉《むなぐら》・倉庫《そうこ》

くんよみ

巣

す

おんよみ

（ソウ）

はやわかり　となえことば

木《き》の上《うえ》に
ひなが顔《かお》だす
鳥《とり》の巣《す》だ

むかしのかん字

（巢）

なりたち

木《き》の上《うえ》に鳥《とり》の巣《す》があって、そこからひなが顔《かお》をだしている。
巣《す・ソウ》は、そのようすを形《かたち》にした字《じ》。絵《え》とむかしの漢字《かんじ》を見《み》ると、よくわかるね。
巣《す》の、もとの字《じ》は巢。

かきじゅん　11画《かく》

、 丷 ⺍ ⺍ 肖 肖 肖 当 単 単 巣

ことばのれい

巣立《すだ》ち・巣箱《すばこ》・クモの巣《す》・空《あ》き巣《す》・古巣《ふるす》・巣窟《そうくつ》・病巣《びょうそう》

くんよみ たば

束

おんよみ ソク

むかしのかん字

はやわかり となえことば

束《そく》の字《じ》は たきぎを束《たば》ねて くくった形《かたち》

なりたち

束《たば・ソク》は、まきを「たば」にした形《かたち》からできた字《じ》。
まきやたきぎというのは、もやすために集《あつ》めた木《き》の枝《えだ》のこと。むかしは、木《き》をもやして、それで料理《りょうり》をしたり、寒《さむ》さをしのいだりしたんだよ。

！「速《はや》い」や「整《ととの》える」という字《じ》にも、まきたばの束《ソク》がある。
まきをすばやくたばねるのが速《ソク》。
トントン打《う》ってととのえるのが整《セイ》。

かきじゅん 7画《かく》

一 丆 戸 百 亘 申 束

ことばのれい

花束《はなたば》・札束《さつたば》・約束《やくそく》・結束《けっそく》

側

くんよみ　がわ

おんよみ　ソク

はやわかり　となえことば

人《ひと》のそば　かたわらあらわす　側《そく》の文字《もじ》

むかしのかん字

なりたち

側《がわ・ソク》は、人《ひと》のそばやわき（かたわら）をあらわした字《じ》。亻（にんべん）と則《ソク》とに分《わ》けられるよ。

亻（にんべん）は、人《ひと》だね。

則《ソク》は、うつわの「側面《そくめん》」に、やくそくや決《き》まりごとの文章《ぶんしょう》をきざみこむ形《かたち》の字《じ》だ。ここでは、「よこ」や「わき」ということをあらわしている。

かきじゅん

ノ　亻　…　側

11画《かく》

ことばのれい

反対側《はんたいがわ》・内側《うちがわ》・外側《そとがわ》・片側《かたがわ》・両側《りょうがわ》・右側《みぎがわ》・左側《ひだりがわ》・側面《そくめん》・側近《そっきん》

くんよみ　つづ-く

おんよみ　ゾク

続

はやわかり　となえことば

どこまでも
糸《いと》がつらなり
続《つづ》いてる

むかしのかん字

續（續）

なりたち

続《つづ-く・ゾク》の、もとの字は續。

糸（いとへん）と賣《トク》だよ。

賣《トク》のつく字《じ》には、「つづける」という意味《いみ》があるんだ。（賣《トク》には「つぐなう」という意味《いみ》もある。）

続《ゾク》は、糸《いと》が長《なが》く続《つづ》いていることをあらわした字《じ》。


! 読《トク》（讀）は、言（ごんべん）に賣。読《よ》むことも、一瞬《いっしゅん》で終《お》わったりしないからね。

かきじゅん　13画《かく》

く 幺 幺 糸 糸 糸 紅 紅 紅 紅 紅 綪 続

ことばのれい

地続《じつづ》き・手続《てつづ》き・続行《ぞっこう》・続編《ぞくへん》・続出《ぞくしゅつ》・連続《れんぞく》・持続《じぞく》・接続《せつぞく》

くんよみ

卒

おんよみ

ソツ

むかしのかん字

はやわかり　となえことば

死者《ししゃ》のきもののえりをかさねてむすんだ卒《そつ》

なりたち

卒《ソツ》は、きもの（衣《ころも》）のえりを重《かさ》ねて、ひもで結《むす》んだ形《かたち》からできた字《じ》。亡《な》くなった人《ひと》に着《き》せた衣《ころも》だよ。たましいがまよい出《で》ないように、衣《ころも》のえりをしっかりとじたんだ。

卒《ソツ》はさいしょ、「死《し》ぬ」「終《お》わる」「つきる」という意味《いみ》の字《じ》だった。

！むかしの漢字《かんじ》をくらべてみよう。

卒《そつ》

衣《ころも》

（衣《ころも》のなりたちは、19ページに）

かきじゅん　8画《かく》

ことばのれい

卒業《そつぎょう》・卒園《そつえん》・卒倒《そっとう》・卒然《そつぜん》・新卒《しんそつ》

くんよみ　まご

おんよみ　ソン

孫

むかしのかん字

はやわかり　となえことば

お祭《まつ》りで　孫《まご》にかけてる糸《いと》かざり

なりたち

孫《まご・ソン》は、子《こ》と系《けい》をあわせた字《じ》だよ。系《けい》は、糸《いと》かざり。むかしの漢字《かんじ》は、子どものうでのあたりに、糸《いと》かざり（）をつけた形《かたち》なんだ。

むかし、亡《な》くなったおじいさんのための祭《まつ》りで、血《ち》のつながった「まご」に糸《いと》かざりをかけたのだという。孫《まご・ソン》は、それをあらわした形《かたち》。

かきじゅん　10画《かく》

ことばのれい

孫娘《まごむすめ》・初孫《はつまご》・子孫《しそん》

おもしろい漢字《かんじ》の話《はなし》④

「順《じゅん》」と「訓《くん》」

古代《こだい》から人《ひと》びとは、旅《たび》をして、山《やま》や川《かわ》のあぶない場所《ばしょ》（難所《なんしょ》）を通《とお》るときには、いのりをささげ、そのうえ歌《うた》をささげて通《とお》った。
それは中国《ちゅうごく》だけでなく、日本《にほん》でも同《おな》じだった。
「順《じゅん》」と「訓《くん》」は、川《かわ》でいのりと歌《うた》をささげることをあらわす字《じ》だ。
どちらの字《じ》にも、「川《かわ》」があるね。

訓《くん》

川《かわ》の神《かみ》にささげた歌《うた》が訓《くん》。（くわしくは69ページに）

頭《あたま》の上《うえ》のかざりの線《せん》は、儀式《ぎしき》用《よう》のかんむりをあらわす。

順《じゅん》

順《じゅん》は、川《かわ》のそばでいのる人《ひと》をあらわした字《じ》。（くわしくは118ページに）

音《おん》よみが「タ行《ぎょう》」「ナ行《ぎょう》」の漢字《かんじ》

おもしろい漢字《かんじ》の話《はなし》5

田《た》植《う》えと収穫《しゅうかく》

田《た》んぼに苗《なえ》を植《う》え、毎日《まいにち》毎日《まいにち》、めんどうをみて、たいせつにイネを育《そだ》てる。
そうして秋《あき》になると、お米《こめ》が実《みの》る。
禾《か》は、そんな稲穂《いなほ》（イネのほ）の形《かたち》だよ。

年《ねん》
❶ おどる男《おとこ》の人《ひと》

委《い》
❸ おどる女《おんな》の人《ひと》

季《き》
❹ おどる子《こ》ども

（❶〜❹は、習《なら》う学年《がくねん》）

田《た》植《う》えのお祭《まつ》り
イネをかぶっておどり、豊年《ほうねん》をいのった。

秋《あき》
❷

秋《あき》に、イネにつく虫《むし》を火《ひ》でやいたことからできた字《じ》。

利《り》
❹

イネをかりとって収穫《しゅうかく》するのが利《り》。

種《たね》
❹

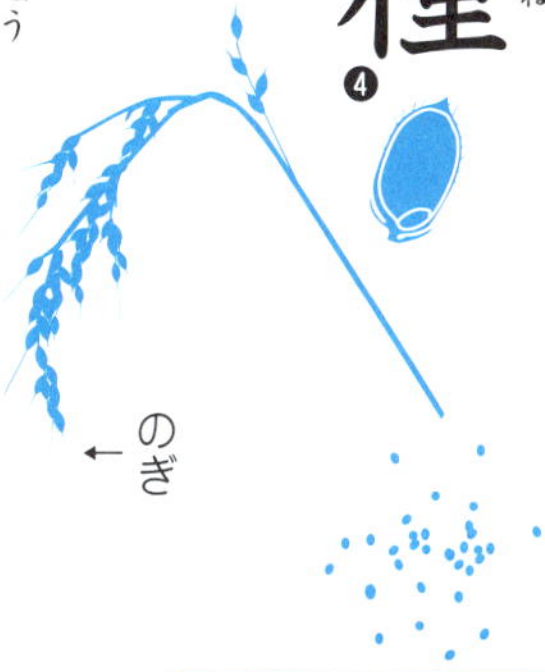

秒《びょう》
❸

秒《びょう》のもとの意味《いみ》は、稲穂《いなほ》の毛《け》の「のぎ」。

良《りょう》
❹

お米《こめ》の良《よ》い実《み》をえらぶ道具《どうぐ》からできた字《じ》。

康《こう》
❹

きねを持《も》ってお米《こめ》をつく形《かたち》。ぬかがとれて、白《しろ》い米《こめ》になる。

料《りょう》
❹

科《か》
❷

料《りょう》は、お米《こめ》を「ます」ではかること。科《か》は、はかり分《わ》けること。斗《と》はます。

くんよみ おび・お-びる

帯

おんよみ タイ

むかしのかん字

はやわかり となえことば

ぬのをたらした形《かたち》の帯《おび》だ

なりたち

帯《おび・タイ》は、儀式用《ぎしきよう》のごうかな「おび」の形《かたち》からできた字《じ》だ。

こしにまいて、エプロンのようにぬのをたらし、宝石《ほうせき》の玉《ぎょく》をつりさげた。帯《おび》の字《じ》のなかの巾が、前《まえ》にたらしたぬのをあらわしている。

かきじゅん

10画《かく》

ことばのれい

帯止《おびど》め・熱帯《ねったい》・地帯《ちたい》・包帯《ほうたい》・携帯《けいたい》・世帯《せたい》・連帯《れんたい》

くんよみ

隊

おんよみ
タイ

むかしのかん字

はやわかり となえことば

はしごの前《まえ》に けものがいるよ 隊《たい》の文字《もじ》

なりたち

隊《タイ》は、阝（こざとへん）と㒸《すい》（）。阝（こざとへん）のむかしの漢字《かんじ》は（）で、はしごの形《かたち》。このはしごを使《つか》って、天《てん》の神《かみ》がのぼりおりすると、むかしの人《ひと》は考《かんが》えたんだ。

㒸《すい》は、ささげものにしたけもの。

隊《タイ》は、はしごの前《まえ》に、いけにえのけものをならべておく形《かたち》。

けものをならべておいたことから、隊《タイ》は、人《ひと》がならぶ「隊列《たいれつ》」をあらわす字《じ》に使《つか》われるようになった。

かきじゅん 12画《かく》

ことばのれい

隊員《たいいん》・隊長《たいちょう》・兵隊《へいたい》・軍隊《ぐんたい》・探検隊《たんけんたい》

くんよみ

達

おんよみ

タツ

むかしのかん字

はやわかり　となえことば

とまらずに 道《みち》をすいすいすすむ達《たつ》

なりたち

達《タツ》は、辶(しんにょう)と幸《タツ》とを組《く》みあわせた字《じ》。幸《タツ》(㚔)は、音《おん》をあらわす部分《ぶぶん》だけど、子羊《こひつじ》がするりと生《う》まれてくる形《かたち》なんだ。

辶(しんにょう)は、「行《い》く」「進《すす》む」という意味《いみ》をあらわす。

達《タツ》とは、もともとは、とどこおりなく、自由《じゆう》に行《い》き来《き》できることをいった。

かきじゅん　12画《かく》

一 十 土 𡈼 去 去 坴 幸 幸 幸 達 達

ことばのれい

達人《たつじん》・達者《たっしゃ》・達成《たっせい》・達筆《たっぴつ》・上達《じょうたつ》・伝達《でんたつ》・発達《はったつ》・配達《はいたつ》

くんよみ

単

おんよみ

タン

むかしのかん字

（單）

はやわかり　となえことば

単《たん》の字《じ》は
羽《はね》かざりをつけた
武器《ぶき》のたて

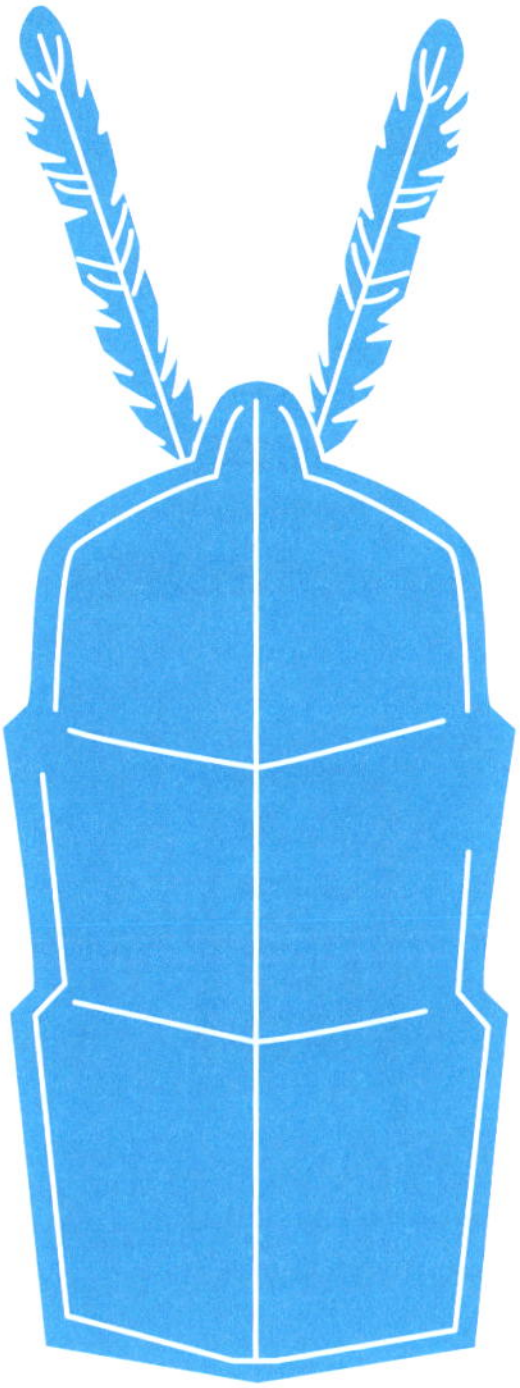

なりたち

単《タン》のむかしの漢字《かんじ》は、武器《ぶき》のたてに、二本《にほん》の羽《はね》かざりをつけた形《かたち》だよ。

→單→単と、形《かたち》をかえた。

古代中国《こだいちゅうごく》では、軍隊《ぐんたい》のなかのひとつのまとまり（一隊《いったい》）を「単《たん》」といった。

それで、単《タン》は、「ひとつ」という意《い》味《み》の字《じ》になった。

！単《たん》（たて）と戈《か》（ほこ）をあわせて、戦《せん》。なりたちは142ページを見《み》てね。

かきじゅん　9画《かく》

丶　丷　⺍　…　単

ことばのれい

単位《たんい》・単語《たんご》・単純《たんじゅん》・単調《たんちょう》・単行本《たんこうぼん》・単発《たんぱつ》・簡単《かんたん》

くんよみ　おーく

置

おんよみ　チ

はやわかり　となえことば

あみを置《お》き
小鳥《ことり》をとらえる
置《ち》という字《じ》

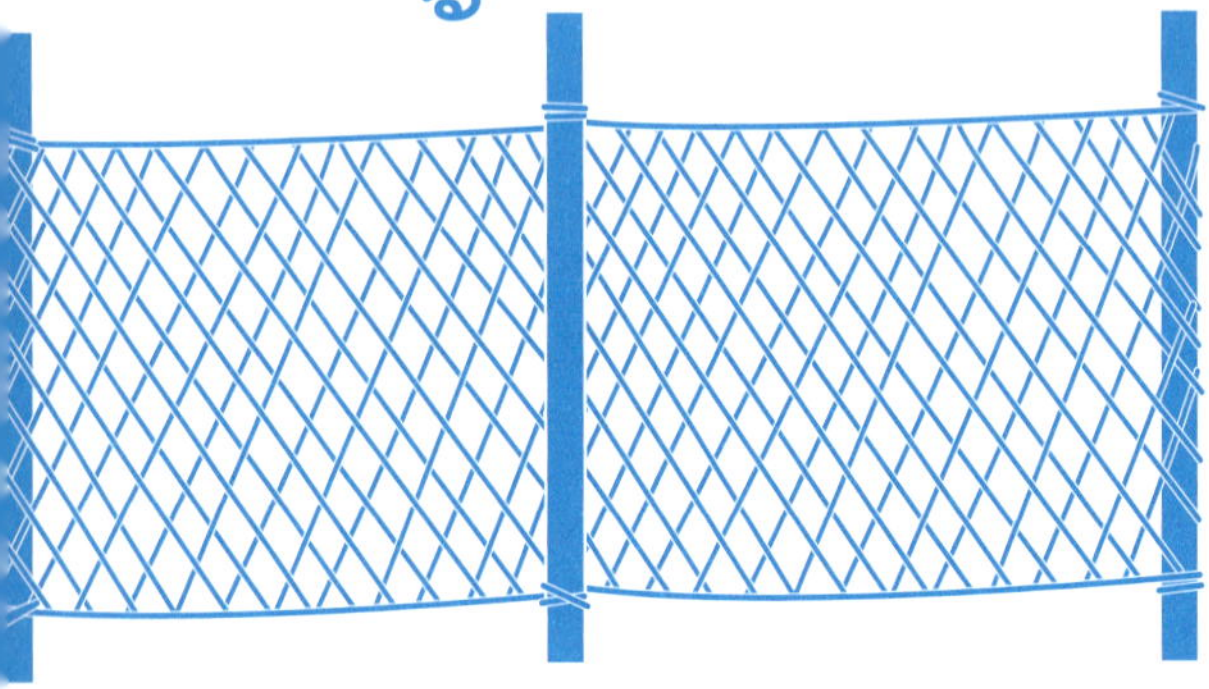

むかしのかん字

なりたち

置《おーく・チ》は、ものをおく（おいておく）という意味《いみ》の字《じ》だ。

分《わ》けると、罒（网）と直《チョク》だよ。

网は、小鳥《ことり》をつかまえるためのあみ。

直《チョク》は、まっすぐに立《た》てることをあらわしている。

置《チ》は、あみをまっすぐ立《た》ててておくことからできた字《じ》。

かきじゅん　13画《かく》

ことばのれい

置《お》き手紙《てがみ》・置物《おきもの》・位置《いち》・配置《はいち》・安置《あんち》・放置《ほうち》・処置《しょち》・装置《そうち》

くんよみ　なか

おんよみ　（チュウ）

仲

むかしのかん字

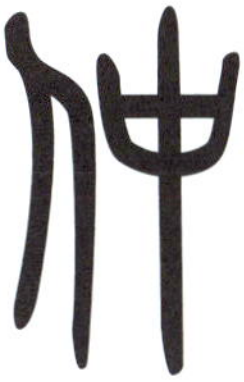

はやわかり　となえことば

兄弟《きょうだい》のなかほどの子《こ》をあらわした仲《なか》

なりたち

仲《なか・チュウ》は、亻（にんべん）と中《チュウ》。古代中国《こだいちゅうごく》では、兄弟《きょうだい》の順序《じゅんじょ》をあらわすのに、上《うえ》から「伯《はく》・仲《ちゅう》・叔《しゅく》・季《き》」といったそうだ。

それよりまえの時代《じだい》には、「大《だい》・中《ちゅう》・小《しょう》」であらわした。仲《なか・チュウ》のもともとの意味《いみ》は、兄弟《きょうだい》のまんなかの人《ひと》。日本《にほん》では、「仲間《なかま》」の仲《なか》に使《つか》われる。

かきじゅん　6画《かく》

ノ　亻　仆　亻冂　亻口　仲

ことばのれい

仲間《なかま》・仲直《なかなお》り・仲立《なかだ》ち・仲買《なかがい》・仲裁《ちゅうさい》

くんよみ

沖

おき

おんよみ

（チュウ）

むかしのかん字

はやわかり　となえことば

水《みず》ふかく
しずかな海《うみ》の
沖《おき》にでる

なりたち

沖《おき・チュウ》は、氵（さんずい）と中《チュウ》。岸《きし》から遠《とお》くはなれた、海《うみ》や湖《みずうみ》の上《うえ》を「おき」というよ。

沖《おき》は、もともとは、水《みず》の深《ふか》くて静《しず》かなさまをあらわした。

中《チュウ》は、ここでは、チュウという音《おん》をあらわしている。

かきじゅん　7画《かく》

、 冫 氵 氵 汀 汩 沖

ことばのれい

沖縄県《おきなわけん》・沖合《おきあ》い・沖天《ちゅうてん》

くんよみ

兆（きざ-し）

おんよみ

チョウ

むかしのかん字

はやわかり　となえことば

カメのこうらでうらなった　ひびわれの線《せん》が　兆《ちょう》の文字《もじ》

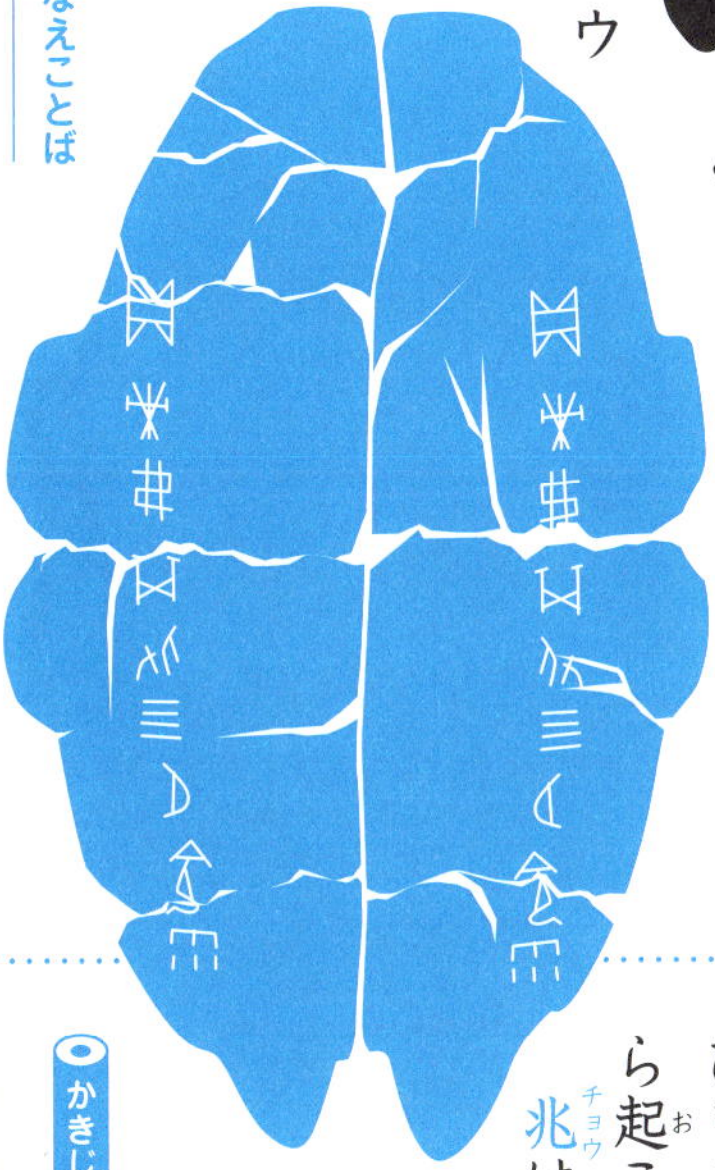

なりたち

三千年以上《さんぜんねんいじょう》まえ、王《おう》がうらないに使《つか》った文字《もじ》が、漢字《かんじ》の先祖《せんぞ》だよ。

カメのこうらや、けもののほねに文《も》字《じ》をきざみ、それに熱《ねつ》をくわえて、ひびを入《い》れる。そのひびわれが、これから起《お》こることの「兆《きざ》し」と考《かんが》えたんだ。

兆《チョウ》は、そのひびの形《かたち》からできた字《じ》。

かきじゅん　6画《かく》

ことばのれい

兆《きざ》し・兆候《ちょうこう》・前兆《ぜんちょう》・吉兆《きっちょう》・億兆《おくちょう》

くんよみ　ひく-い

おんよみ　テイ

低

むかしのかん字

はやわかり　となえことば

にんべんで　人《ひと》がしせいを低《ひく》くする

なりたち

低《ひくーい・テイ》は、亻（にんべん）と氐《テイ》。人《ひと》のせが低《ひく》いことや、人《ひと》がしせいを低《ひく》くすることをあらわした字《じ》だ。氐《テイ》には、けずって平《たい》らにするという意味《いみ》があるんだよ。

❗氐はナイフ。なりたちは、105ページに。底《テイ》のなりたちは、次《つぎ》のページを見《み》てね。

かきじゅん　7画《かく》

ノ　亻　亻㇒　亻㇒　亻氏　低　低

ことばのれい

低温《ていおん》・低空《ていくう》・低学年《ていがくねん》・低気圧《ていきあつ》・低下《ていか》・高低《こうてい》・最低《さいてい》

くんよみ　そこ

底

おんよみ　テイ

むかしのかん字

はやわかり　となえことば

たてものの 下《した》はたいらだ 底《そこ》の文字《もじ》

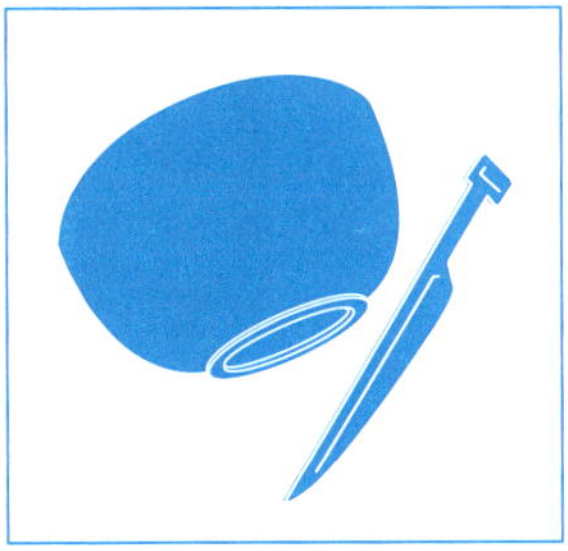

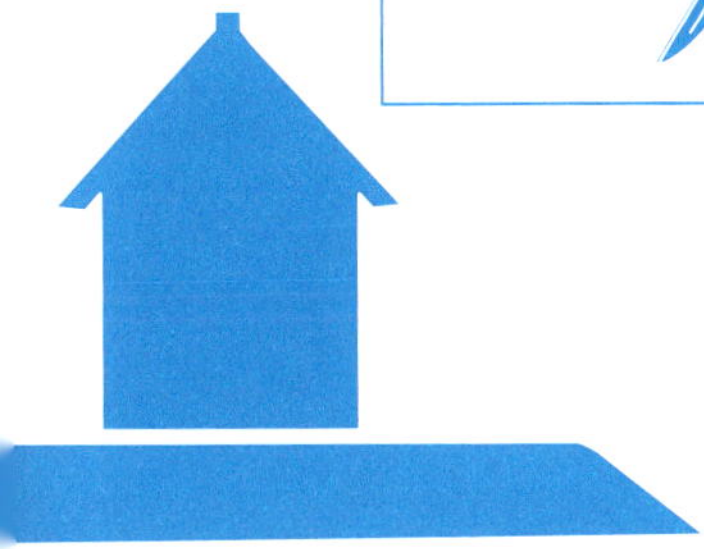

なりたち

底《そこ・テイ》とは、もののいちばん下《した》の、「そこ」のことだね。

底《テイ》は、广（まだれ）と氐《テイ》。

广（まだれ）は、たてもののやねの形《かたち》。

氐《テイ》は、ナイフ（氐）でものの底《そこ》をけずって、平《たい》らにすることをあらわす形《かたち》。

（氐《し》のなりたちは、105ページにあるよ。）

底《テイ》は、たてものをたてるとき、土地《とち》を平《たい》らにして、しっかりかためることからできた字《じ》。

かきじゅん　8画《かく》

丶 亠 广 户 庀 庀 底 底

ことばのれい

底力《そこぢから》・底冷《そこび》え・底意地《そこいじ》・心底《しんそこ》・谷底《たにぞこ》・底辺《ていへん》・底面《ていめん》・湖底《こてい》・地底《ちてい》

的

くんよみ　まと

おんよみ　テキ

むかしのかん字

はやわかり　となえことば

あきらかに　はっきり見《み》える弓《ゆみ》の的《まと》

なりたち

的《まと・テキ》は、弓矢《ゆみや》を命中《めいちゅう》させる「まと」をあらわした字《じ》。

もとの字《じ》は旳で、日《ひ》＋勺《しゃく》だった。的《まと・テキ》（旳）のもともとの意味《いみ》は、はっきりしていて、めだつということ。

かきじゅん　8画《かく》

丿 亻 白 白 白 的 的 的

ことばのれい

的外《まとはず》れ・的中《てきちゅう》・目的《もくてき》・計画的《けいかくてき》・一方的《いっぽうてき》・消極的《しょうきょくてき》

くんよみ

典

おんよみ

テン

はやわかり　となえことば

つくえの上《うえ》に
書物《しょもつ》をならべた
典《てん》の文字《もじ》

むかしのかん字

なりたち

典《テン》は、つくえの上《うえ》に書物《しょもつ》（本《ほん》）をならべた形《かたち》の字《じ》。
むかしの本《ほん》は、細長《ほそなが》い木《き》の札《ふだ》に文字《もじ》を書《か》いて、それをつづったものだった。
典《テン》は、だいじな本《ほん》や、お手本《てほん》にする文書《ぶんしょ》（書《か》きもの）という意味《いみ》の字《じ》だ。

かきじゅん　8画《かく》

丨 冂 巾 冊 曲 曲 典 典

ことばのれい

典型《てんけい》・古典《こてん》・辞典《じてん》・式典《しきてん》・祭典《さいてん》

くんよみ つた-える

伝

おんよみ デン

むかしのかん字

（傳）

はやわかり となえことば

人《ひと》がふくろを せおって運《はこ》ぶ 伝《でん》の文字《もじ》

なりたち

伝《つた-える・デン》の、もとの字《じ》は傳。亻（にんべん）と専《せん》をあわせた字《じ》だ。

専《せん》には、ふくろのなかに物《もの》を入《い》れて、まるめるという意味《いみ》がある。

そのふくろを人《ひと》がせおって運《はこ》ぶことをあらわしたのが、伝《デン》（傳）だ。

もともとは、荷物《にもつ》をせおわせて追放《ついほう》することをあらわした字《じ》らしい。

やがて、駅伝《えきでん》のように、ものを運《はこ》び伝《つた》えることをあらわすようになった。

かきじゅん 6画《かく》

ノ 亻 仁 仁 伝 伝

ことばのれい

口伝《くちづた》え・手伝《てつだ》う・伝言《でんごん》・伝記《でんき》・伝説《でんせつ》・宣伝《せんでん》・駅伝《えきでん》

くんよみ

徒

おんよみ　ト

むかしのかん字

はやわかり　となえことば

てくてくと
歩《ある》いていくよ
徒《と》歩《ほ》の徒《と》だ

なりたち

徒《ト》とは、のりものに乗《の》らずに、てくてく歩《ある》くこと。けらいたちが、馬車《ばしゃ》にのらずに歩《ある》いたことをあらわした。

徒《ト》のもとの字《じ》は辻で、⻌（しんにょう）と土《ト》。

土《ト》は、地《ち》の神《かみ》をまつる形《かたち》。同《おな》じ地《ち》の神《かみ》をまつる一族《いちぞく》の人《ひと》びとのことも、徒《ト》といったんだ。

それで徒《ト》は、「なかまの人《ひと》たち」という意味《いみ》にも使《つか》われる。

かきじゅん　10画《かく》

ノ ク 彳 行 往 往 徍 徍 徔 徒

ことばのれい

徒《と》歩《ほ》・徒《と》弟《てい》・徒《と》労《ろう》・生徒《せいと》・信徒《しんと》

努

くんよみ　つと－める

おんよみ　ド

はやわかり　となえことば

すき（力）を持《も》ち　田畑《たはた》のしごとに努《つと》めます

なりたち

努《つと－める・ド》は、奴《ド》と力《りょく》とに分《わ》けられる字《じ》。
力《りょく》は、田畑《たはた》をたがやすすきの形《かたち》。
奴《ド》は音《おん》をあらわす部分《ぶぶん》だけど、「しもべ」という意味《いみ》もある。
むかしの農作業《のうさぎょう》は、いまよりも、ずっとずっと、たいへんだった。
努《ド》は、田畑《たはた》のしごとにつとめること（努力《どりょく》すること）をあらわした字《じ》。

かきじゅん　7画《かく》

ㄑ　女　女　奴　奴　努　努

ことばのれい

努《つと》め・努力《どりょく》

くんよみ （ひ）

おんよみ トウ

灯

むかしのかん字

（燈）（鐙）

はやわかり　となえことば

火《ひ》をともし　まわりをてらす　ともしびの灯《とう》

なりたち

灯《トウ》は、火《ひ》をともしてあかりにする「ともしび」をあらわす字《じ》。電気《でんき》のあかりを「電灯《でんとう》」というよ。

灯《トウ》の、もとの字《じ》は燈。登《トウ》は、トウという音《おん》をあらわすだけの役目《やくめ》。むかしは、燈《トウ》のほかに鐙《トウ》という字《じ》も使《つか》われていたという。

かきじゅん　6画《かく》

ことばのれい

灯火《とうか》・灯台《とうだい》・灯油《とうゆ》・電灯《でんとう》・点灯《てんとう》・街灯《がいとう》・走馬灯《そうまとう》

くんよみ　はたら-く

おんよみ　ドウ

働

はやわかり　となえことば

人《ひと》が動《うご》いて　働《はたら》いている

なりたち

働《はたら-く・ドウ》は、日本《にほん》で作《つく》られた漢字《かんじ》。田畑《たはた》をたがやして働《はたら》くことをあらわしている。

働《ドウ》は、亻（にんべん）と動《ドウ》だよ。

もともとは、動《ドウ》が、「田畑《たはた》ではたらく」という意味《いみ》の字《じ》だった。それが「うごく」という意味《いみ》に使《つか》われるようになったので、動《ドウ》に亻（にんべん）をつけて、「人《ひと》がはたらく」という意味《いみ》の働《ドウ》が作《つく》られた。

かきじゅん　13画《かく》

ノ 亻 仁 仟 伒 佰 佰 佰 偅 偅 偅 働 働

ことばのれい

働《はたら》き手《て》・働《はたら》き者《もの》・労働《ろうどう》・実働《じつどう》・稼働《かどう》

くんよみ

特

おんよみ　トク

はやわかり　となえことば

特別《とくべつ》な
りっぱな
オス牛《うし》
あらわした特《とく》

むかしのかん字

なりたち

特《トク》は、牛（うしへん）と寺《ジ》だよ。

特《トク》のもともとの意味《いみ》は、大《おお》きくてりっぱなオス牛《うし》のこと。

それで、ほかにはないもの、すぐれたものという意味《いみ》になり、「特別《とくべつ》」の特《トク》に使《つか》われるようになった。

寺《ジ》は、音《おん》をあらわす部分《ぶぶん》。


！寺《ジ》があわせ漢字《かんじ》に使《つか》われるときには、タイ（待）、トウ（等）、トク（特）という音《おん》をあらわすことがあるよ。

かきじゅん　10画《かく》

ノ 𠂉 ⺧ 牛 牜 牪 牡 牯 特 特

ことばのれい

特大《とくだい》・特長《とくちょう》・特技《とくぎ》・特急《とっきゅう》・独特《どくとく》

くんよみ

おんよみ

徳《トク》

むかしのかん字

はやわかり　となえことば

見《み》きわめる目《め》に心《こころ》をくわえた徳《とく》の文字《もじ》

なりたち

ものごとの内面《ないめん》にある本当《ほんとう》のことを見《み》ぬく目《め》を、古代《こだい》から人《ひと》びとは望《のぞ》んだ。徳《トク》は、その目《め》の力《ちから》をあらわした字《じ》。

むかしの漢字《かんじ》には、目《め》があるね。目《め》の力《ちから》を強《つよ》めるまじないのかざりをつけて、あちこち見《み》まわることをあらわしている。彳（ぎょうにんべん）は、道《みち》をあらわす形《かたち》。

それに心《こころ》がくわわって、徳《トク》の字《じ》になった。

かきじゅん　14画

ことばのれい

徳用《とくよう》・徳島県《とくしまけん》・道徳《どうとく》・美徳《びとく》・悪徳《あくとく》

くんよみ

栃

とち

おんよみ

はやわかり　となえことば

実《み》をつける
大《おお》きなトチノキ
栃木《とちぎ》の栃《とち》

なりたち

栃《とち》は、日本《にほん》でつくられた漢字《かんじ》（国字《こくじ》）だ。トチノキをあらわす。栃《とち》を分解《ぶんかい》すると、木（きへん）と厂と万《まん》になるね。万《まん》があるのは、十（と）×千（ち）からきたともいわれる。

トチノキは落葉《らくよう》する高木《こうぼく》で、その実《み》は、大昔《おおむかし》から食用《しょくよう》とされてきた。

かきじゅん

9画《かく》

ことばのれい

栃木県《とちぎけん》・栃ノ木《とちのき》・栃餅《とちもち》

くんよみ

奈

おんよみ　ナ

むかしのかん字

はやわかり　となえことば

大《おお》きな果実《かじつ》がなる木《き》かもしれない奈《な》という字《じ》

なりたち

奈《ナ》は、大《だい》に示《じ》と書《か》く字《じ》。もとの形《かたち》は柰《ダイ》（木《き》と示《じ》）だというが、たしかなことはわかっていない。柰《ダイ》は、大《おお》きな果《か》実《じつ》のなる木《き》のこと。

奈《ナ》は、むかしから中国語《ちゅうごくご》のなかで、「どうして」「なぜ」のように、疑問《ぎもん》をあらわすのに使《つか》われた。

かきじゅん　8画《かく》

一　ナ　大　太　夳　夺　奈　奈

ことばのれい

奈良県《ならけん》・神奈川県《かながわけん》・奈落《ならく》

くんよみ

梨

なし

おんよみ

（リ）

むかしのかん字

はやわかり　となえことば

木《き》のうえに
利《り》の字《じ》を
かいて
あまい梨《なし》

なりたち

梨《なし・り》は、果物《くだもの》の「なし」。利《り》と木《き》とに分《わ》けられる字《じ》だ。利《り》は、ここでは、リという音《おん》をあらわしている。

梨《なし》は、古《ふる》くから、中国《ちゅうごく》の皇帝《こうてい》に愛《あい》された果物《くだもの》だった。八世紀《はっせいき》、唐《とう》の玄宗皇帝《げんそうこうてい》が、宮廷《きゅうてい》の梨園《りえん》で、子弟《してい》に歌《うた》や舞《まい》を習《なら》わせた。それで、歌舞伎《かぶき》や演劇《えんげき》の世界《せかい》を「梨園《りえん》」というようになった。

！利《り》は、禾（イネ）をリ（刀《かたな》）でかりとる形《かたち》。223ページを見《み》てね。

かきじゅん　11画《かく》

ノ 二 千 禾 禾 和 利 利 梨 梨 梨

ことばのれい

山梨県《やまなしけん》・梨園《りえん》

熱

くんよみ　あつ-い

おんよみ　ネツ

むかしのかん字

はやわかり　となえことば

あたたかくて
木《き》がよく育《そだ》つ
熱《ねつ》の文字《もじ》

なりたち

熱《あつ-い・ネツ》のもともとの意味《いみ》は、草木《くさき》がよく育《そだ》つあたたかさのこと。あたたかい気《き》候《こう》をあらわす字《じ》だったんだ。

熱《ネツ》は、埶《げい》と灬（火《ひ》）をあわせた字《じ》。

埶《げい》は、木《き》を植《う》える形《かたち》の字《じ》だ。

火《ひ》は、あたたかさをあらわしているのだろう。

いまは、物《もの》が熱《あつ》いことや、心《こころ》が熱《あつ》いことに使《つか》う字《じ》。

かきじゅん　15画《かく》

一 十 土 圥 坴 坴 坴 坴 刲 埶 埶 埶 熱 熱 熱

ことばのれい

熱気《ねっき》・熱中《ねっちゅう》・熱血《ねっけつ》・熱戦《ねっせん》・熱湯《ねっとう》・平熱《へいねつ》・発熱《はつねつ》・加熱《かねつ》・情熱《じょうねつ》・白熱《はくねつ》

くんよみ

念

おんよみ

ネン

むかしのかん字

はやわかり　となえことば

心《こころ》のなかに　とじこめ　じっと　おもう念《ねん》

なりたち

念《ネン》の字《じ》を分《わ》けると、今《キン》と心《こころ》だよ。今《キン》は、びんやつぼのふたの形《かたち》からできた字《じ》なんだ。だから、念《ネン》は、心《こころ》にふたをする形《かたち》。心《こころ》にかたくとめておくこと、心《こころ》のなかで深《ふか》くおもうことをあらわしている。

思《し》……頭《あたま》と心《こころ》でおもう。
想《そう》……見《み》えないものをおもいえがく。
念《ねん》……心《こころ》にかたくとめておく。

かきじゅん　8画《かく》

ノ 人 亼 今 今 念 念 念

ことばのれい

念入《ねんい》り・念願《ねんがん》・念力《ねんりき》・念頭《ねんとう》・信念《しんねん》・無念《むねん》・理念《りねん》・残念《ざんねん》・記念《きねん》

音《おん》よみが「ハ行《ぎょう》」「マ行《ぎょう》」の漢《かん》字《じ》

おもしろい漢字《かんじ》の話《はなし》❻

「ここだよ！」としめす一画《いっかく》

大《だい》や木《き》の字《じ》に、「ここだよ」としめす線《せん》をくわえた漢字《かんじ》だよ。古代人《こだいじん》の発明《はつめい》だね。

おおもとの形《かたち》

頭《あたま》の上《うえ》に線一本《せんいっぽん》。「てっぺんはここだよ」。

天

あま・テン

❶

地面《じめん》の線《せん》で、「人《ひと》の立《た》つ位置《いち》はここだよ」。

立

た－つ・リツ

❶

おおもとの形《かたち》

（❶〜❹は、習《なら》う学年《がくねん》）

木《き》の下《した》に線《せん》をかいて、「ねもとはここだよ」。

本

もと・ホン

❶

木《き》の上《うえ》に線《せん》をかいて、「すえ（末端《まったん》）はここだよ」。

末

すえ・マツ

❹

木《き》のえだが「まだまだのびるところだよ」。

未

ミ

❹

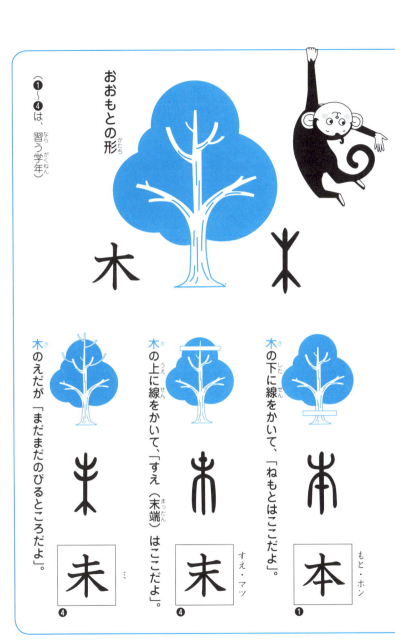

敗

くんよみ　やぶ-れる

おんよみ　ハイ

むかしのかん字

はやわかり　となえことば

たからものを
ぼうで打《う》ちつけ
こわす敗《はい》

なりたち

敗《やぶ-れる・ハイ》は、貝《かい》と攵（攴《ぼく》・むちづくり）とをあわせた字《じ》だよ。
貝《かい》は、お金《かね》に使《つか》われたたからの貝《かい》。
攵（攴《ぼく》）は、ぼうを手《て》に持《も》って、ものを打《う》つ形《かたち》。
敗《ハイ》は、たからものを打《う》ちつけて、こわすことをあらわした字《じ》なんだ。
敗《ハイ》はいま、「やぶれる」（負《ま》ける）という意味《いみ》に使《つか》われる。

かきじゅん　11画《かく》

ことばのれい

敗北《はいぼく》・敗者《はいしゃ》・勝敗《しょうはい》・失敗《しっぱい》・完敗《かんぱい》

くんよみ うめ

梅

おんよみ バイ

むかしのかん字

はやわかり となえことば

きへんに毎《まい》で 春《はる》に花《はな》さく 梅《うめ》のこと

なりたち

梅《うめ・バイ》とは、ウメの木《き》のこと。梅《うめ》は春《はる》に花《はな》をさかせ、五月《ごがつ》くらいに実《み》をつける。その実《み》を梅干《うめぼ》しにしたりするよ。

梅《うめ・バイ》は、木（きへん）に毎《マイ》と書《か》く字《じ》。毎《マイ》は、ここでは、音《おん》をあらわすだけの役目《やくめ》。（マイがバイにかわったんだ。）

かきじゅん

10画《かく》

一 十 才 木 木 朾 朾 枙 梅 梅

ことばのれい

梅干《うめぼ》し・梅酒《うめしゅ》・梅雨《つゆ》・紅梅《こうばい》・松竹梅《しょうちくばい》

くんよみ

博

おんよみ

ハク・（バク）

むかしのかん字

はやわかり　となえことば

ひろいこと
ひろめる
ことを
あらわす博《はく》

なりたち

博《ハク》は、尃《フ》と十《じゅう》とに分《わ》けられる字《じ》。尃《フ》は、苗木《なえぎ》を手《て》（寸）に持《も》って、植《う》えることをあらわす形《かたち》。博《ハク》は、苗木《なえぎ》をひろびろとした畑《はたけ》に植《う》えつけることをあらわした形《かたち》。そこから、「ひろいこと」「ひろめること」という意味《いみ》になった。

かきじゅん　12画《かく》

ことばのれい

博学《はくがく》・博識《はくしき》・博士《はかせ》・博覧会《はくらんかい》・博打《ばくち》

くんよみ （さか）

おんよみ ハン

阪

むかしのかん字

はやわかり　となえことば

がけのそば
はしごが
あるよ
阪《はん》の文字《もじ》

なりたち

阪《さか・ハン》は、阝（こざとへん）と反《ハン》。

反《ハン》は、がけ（厂）に手《て》（又）をかけて、よじのぼろうとする形《かたち》。

阝（こざとへん）は、はしご（阝）の形《かたち》。神聖《しんせい》な場所《ばしょ》にたつはしごで、古代《こだい》の人《ひと》は、そこに神《かみ》がおりたつと考《かんが》えた。

そうした土地《とち》の、がけのようなところを阪《ハン》といった。阪《ハン》は、坂《ハン》と同《おな》じく、いまは「さか」の意味《いみ》に使《つか》われる。


❗阜《フ》が、阝のもとの形《かたち》（199ページ）。

かきじゅん　7画《かく》

㇇ 了 阝 阝 阝厂 阝万 阪

ことばのれい

大阪府《おおさかふ》・阪神《はんしん》・京阪《けいはん》

くんよみ めし

おんよみ ハン

飯

むかしのかん字

はやわかり　となえことば

しょくへん（食）に
反《はん》の字《じ》かいて
ご飯《はん》の飯《はん》

なりたち

飯《めし・ハン》は、食（しょくへん）と反《ハン》とに分《わ》けられる字《じ》だよ。
食《しょく》は、食器《しょっき》にごはんをもって、それにふたをした形《かたち》からできた字《じ》。
反《ハン》は、ここでは、ハンという音《おん》をあらわすだけの役目《やくめ》。
飯《ハン》はいま、米《こめ》の「めし」や「ごはん」をあらわす。

かきじゅん　12画《かく》

ことばのれい

飯粒《めしつぶ》・昼飯《ひるめし》・飯場《はんば》・赤飯《せきはん》・夕飯《ゆうはん》

くんよみ　とーぶ

飛

おんよみ　ヒ

はやわかり　となえことば

羽《はね》を
ひろげて
空《そら》飛《と》ぶ鳥《とり》の
すがたが飛《ひ》

むかしのかん字

なりたち

飛《とーぶ・ヒ》の、むかしの漢字《かんじ》を見《み》てごらん。鳥《とり》が羽《はね》を広《ひろ》げて、空《そら》に飛《と》び立《た》つときのすがただよ。

！とまっているとりを横《よこ》からみた形《かたち》が、鳥《とり》。

鳥《とり》

かきじゅん　9画《かく》

乁 ⺄ 飞 飞 飞 飞 飛 飛 飛

ことばのれい

飛《と》び石《いし》・飛《と》び入《い》り・高《たか》飛《と》び・飛行機《ひこうき》・飛球《ひきゅう》・飛来《ひらい》

くんよみ かなら-ず

必

おんよみ ヒツ

むかしのかん字

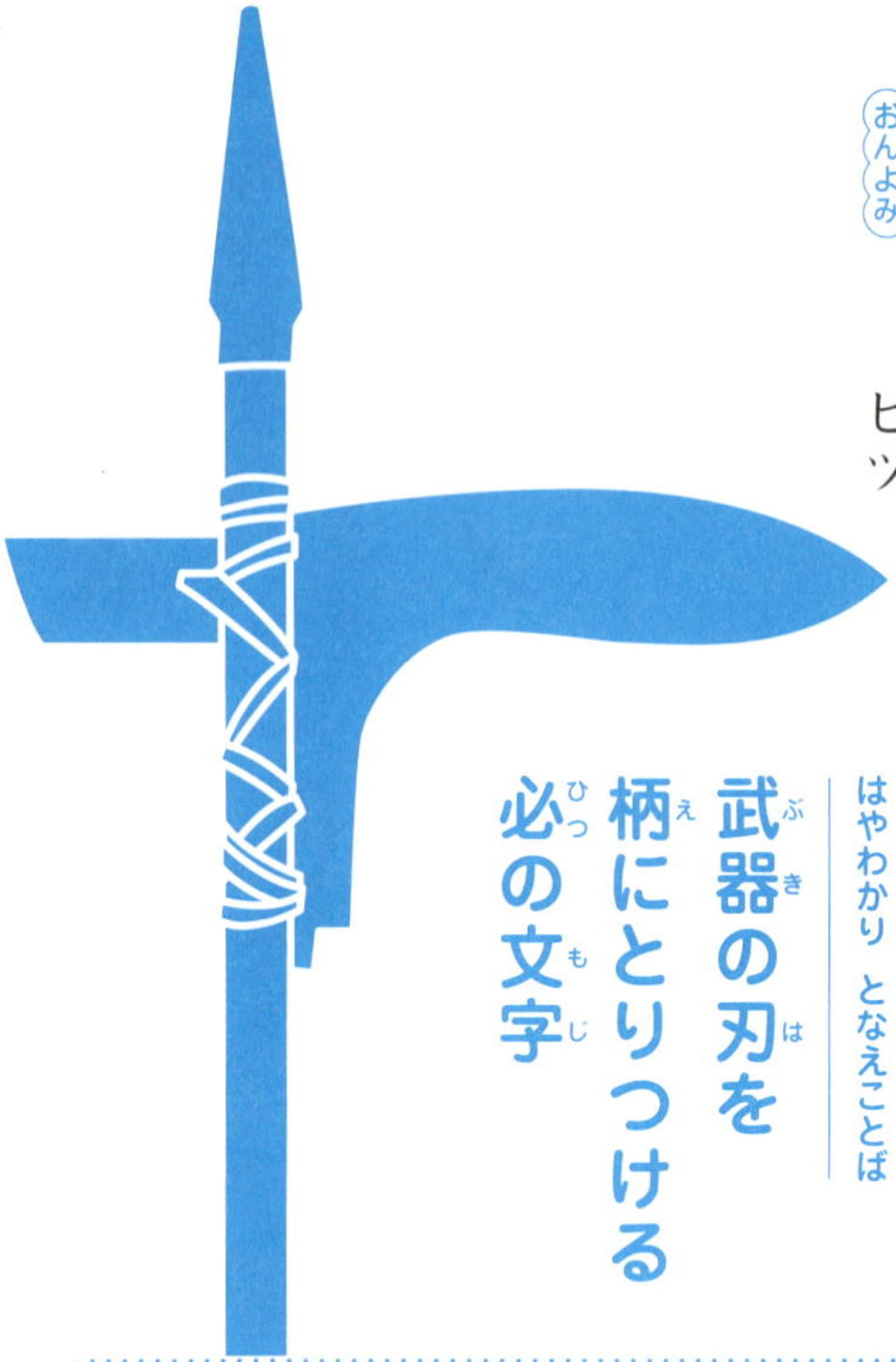

はやわかり となえことば

武器《ぶき》の刃《は》を
柄《え》にとりつける
必《ひつ》の文字《もじ》

なりたち

必《かなら-ず・ヒツ》の、むかしの漢字《かんじ》を見《み》てごらん。武器《ぶき》の刃《は》を柄《え》（持《も》つところのぼう）にとりつける部分《ぶぶん》の形《かたち》だよ。だから、必《ヒツ》はさいしょ、「柄《え》」という意味《いみ》だった。でも、必《ヒツ》が「かならず」という意味《いみ》に使《つか》われるようになったので、柄《え》をあらわすのには、柲《ヒツ》という字《じ》が作《つく》られた。

かきじゅん

5画《かく》

、ソ义必必

ことばのれい

必《かなら》ず・必要《ひつよう》・必勝《ひっしょう》・必死《ひっし》・必読《ひつどく》・必然《ひつぜん》・必殺《ひっさつ》

くんよみ

票

おんよみ

ヒョウ

むかしのかん字

はやわかり　となえことば

ひらひらと
火《ひ》の粉《こ》が
まうよ
票《ひょう》の文字《もじ》

なりたち

票《ヒョウ》の、むかしの漢字《かんじ》を見《み》てみよう。下《した》の部分《ぶぶん》は火《ひ》なんだ。

上《うえ》のは、亡《な》くなった人《ひと》の頭《あたま》（）を両《りょう》わきから持《も》つ形《かたち》。

票《ヒョウ》は、死者《ししゃ》を火葬《かそう》にするときのようすからできた字《じ》だ。火《ひ》のいきおいで、火《ひ》の粉《こ》がまいあがることから、票《ヒョウ》は、ひらひらしたものなどをあらわすのに使《つか》われる。

かきじゅん

11画《かく》

ことばのれい

票数《ひょうすう》・票田《ひょうでん》・開票《かいひょう》・伝票《でんぴょう》・投票《とうひょう》

くんよみ

おんよみ　ヒョウ

標

むかしのかん字

はやわかり　となえことば

高《たか》い木《き》を目《め》じるしにする標《ひょう》の文字《もじ》

なりたち

標《ヒョウ》は、木（きへん）と票《ヒョウ》とに分《わ》けられる字《じ》だよ。

票《ヒョウ》は、ヒョウという音《おん》をあらわす部《ぶ》分《ぶん》。「ひらひらと動《うご》く」「まいあがる」という意味《いみ》をもつ形《かたち》だよ。

標《ヒョウ》は、木《き》の枝《えだ》の先《さき》が、ゆらゆらとゆれ動《うご》くことをあらわした字《じ》。

高《たか》い木《き》をめじるしにしたので、「標《ひょう》識《しき》」の標《ヒョウ》に使《つか》われるんだね。

かきじゅん　15画《かく》

標

ことばのれい

標語《ひょうご》・標本《ひょうほん》・標的《ひょうてき》・標題《ひょうだい》・目標《もくひょう》

くんよみ

不

おんよみ

フ・ブ

むかしのかん字

はやわかり　となえことば

不《ふ》という字《じ》「そうではない」といういみだ

なりたち

ひとつの花《はな》がしおれると、花《はな》びらが落《お》ちて、土台《どだい》のがく（へた）と、おしべやめしべがのこる。

不《フ》は、そんな花《はな》の形《かたち》からできた字《じ》だ。

でも、むかしから、花《はな》のがくの意味《いみ》に使《つか》われることはほとんどなくて、「そうではない」という否定《ひてい》（うちけし）の意味《いみ》に使《つか》われてきた字《じ》だ。

かきじゅん

一 丆 不 不

4画《かく》

ことばのれい

不安《ふあん》・不満《ふまん》・不便《ふべん》・不正《ふせい》・不自由《ふじゆう》・不公平《ふこうへい》・不思議《ふしぎ》・不作法《ぶさほう》

くんよみ

夫

おっと

おんよみ

フ・(フウ)

むかしのかん字

はやわかり　となえことば

けっこん式《しき》

かんざしをさした　すがたの夫《おっと》

なりたち

夫《おっと・フ》は、けっこん式《しき》での男《おとこ》の人《ひと》の晴《は》れすがたからできた字《じ》だよ。頭《あたま》にかんざしをさしている。男《おとこ》の人《ひと》も、むかしはかみの毛《け》をゆったんだ。人《ひと》のすがたの大《だい》に、かんざしをあらわす一《いち》をくわえたのが、夫《フ》の形《かたち》。

！妻《つま》は、女《おんな》の人《ひと》のけっこん式《しき》でのすがたからできた字《じ》。頭《あたま》にかんざしをさしている。

妻《つま》

かきじゅん

一　二　キ　夫

4画《かく》

ことばのれい

夫人《ふじん》・夫妻《ふさい》・夫婦《ふうふ》・工夫《くふう》・水夫《すいふ》

付

くんよみ つ-く

おんよみ フ

むかしのかん字

はやわかり となえことば

手《て》でものを
人《ひと》にわたす
形《かたち》の付《ふ》

なりたち

付《つ-く・フ》は、亻（にんべん）と寸《すん》をあわせた字《じ》。寸《すん》（⺕）は、ここでは、手《て》をあらわすよ。

付《フ》は、人《ひと》に手《て》（寸）で、ものをわたすことをあらわしている。

わたすことや、あたえることが、付《フ》のもともとの意味《いみ》だ。人《ひと》にものをあたえることを「付与《ふよ》」というよ。

かきじゅん 5画《かく》

ノ亻仁付付

ことばのれい

付《つ》き添《そ》い・付《つ》き物《もの》・受付《うけつけ》・裏付《うらづ》け・付近《ふきん》・付録《ふろく》・送付《そうふ》・寄付《きふ》

くんよみ

府

おんよみ

フ

むかしのかん字

はやわかり　となえことば

国《くに》の書類《しょるい》を　しまっておく　くら　あらわす府《ふ》

なりたち

むかし、王室《おうしつ》のだいじな文書《ぶんしょ》（書《か》きもの）を保存《ほぞん》しておく「くら」を府《ふ》といった。

やがて、府《ふ》は、政府《せいふ》や役所《やくしょ》をあらわす字《じ》になった。

府《フ》は、广（まだれ）と付《フ》とに分《わ》けられるよ。广（まだれ）は、たてもののやねの形《かたち》。付《フ》は、ここでは、フという音《おん》をあらわすだけの役目《やくめ》。

かきじゅん　8画《かく》

、 亠 广 广 庁 庁 府 府

ことばのれい

府民《ふみん》・政府《せいふ》・幕府《ばくふ》・大阪府《おおさかふ》・京都府《きょうとふ》

くんよみ

阜

おんよみ　フ

むかしのかん字

なりたち

阜《フ》の、むかしの漢字《かんじ》を見《み》てごらん。はしごの形《かたち》だよ。古代《こだい》の人《ひと》は、天《てん》の神《かみ》が、このはしごをのぼりおりすると考《かんが》えた。だから、阜《フ》は、神聖《しんせい》な場所《ばしょ》（聖《せい》地《ち》）にたつはしごをあらわしている。

阝（こざとへん）は、阜《フ》をかんたんに書《か》いた形《かたち》。・→→阜《フ》→阝と、形《かたち》をかえた。こざとへんをもつ漢字《かんじ》には、聖地《せいち》についてのなりたちの文字《もじ》が多《おお》い。

はやわかり　となえことば

阜《ふ》の文字《もじ》は
聖地《せいち》にたてた
はしごのかたち

かきじゅん　8画《かく》

ことばのれい

岐阜県《ぎふけん》

くんよみ　とみ・と-む

富

おんよみ　フ・（フウ）

むかしのかん字

はやわかり　となえことば

やねの下《した》
たるの畐《ふく》おき
富《ふ》の文字《もじ》だ

なりたち

富《とみ・フ》は、宀（うかんむり）と畐《フク》。

宀は、先祖《せんぞ》をまつるお宮《みや》をあらわす。

畐《フク》は、おなかがふくらんだたるの形《かたち》で、「たっぷりある」という意味《いみ》をあらわしている。

富《フ》のもともとの意味《いみ》は、先祖《せんぞ》におそなえするものがたっぷりあること。


❗福《ふく》は、たる酒《ざけ》（畐《フク》）をそなえて、しあわせをいのる形《かたち》。（3年生）

かきじゅん　12画

ことばのれい

富《とみ》くじ・富山県《とやまけん》・富強《ふきょう》・富豪《ふごう》・富裕《ふゆう》・豊富《ほうふ》・貧富《ひんぷ》・富貴《ふうき》

くんよみ

おんよみ

副《フク》

むかしのかん字

はやわかり　となえことば

酒《さか》だるを　まっぷたつ　にして　わける副《ふく》

なりたち

副《フク》は、畐《フク》と刂（りっとう）とに分《わ》けられる字《じ》。

畐《フク》は、おなかのふくらんだたるの形《かたち》。

刂は刀《かたな》。あわせ漢字《かんじ》のなかでは、刀《かたな》が刂になることがあるよ。

副《フク》は、たるを刀《かたな》でまっぷたつにする形《かたち》の字《じ》だ。（じっさいには、できなさそうなことだけど。）

ものを二《ふた》つに分《わ》けて、ひとつを正《せい》（正式《せいしき》なもの）、もうひとつを副《ふく》（ひかえ・そえもの）とすることをあらわしている。

かきじゅん

11画《かく》

ことばのれい

副作用《ふくさよう》・副会長《ふくかいちょう》・副業《ふくぎょう》・副賞《ふくしょう》・副題《ふくだい》

くんよみ

兵

おんよみ

ヘイ・ヒョウ

むかしのかん字

はやわかり となえことば

おの（斤）を
両手《りょうて》で
かかげているよ
兵士《へいし》の兵《へい》

なりたち

兵《へい》は、武器《ぶき》のおの（斤）を両手《りょうて》（廾）でかかげている形《かたち》の字《じ》だ。むかしの漢字《かんじ》のなかに両手《りょうて》の形《かたち》（）があり、これが廾《（きょう）》になった。兵《へい》は、武器《ぶき》をとってたたかうことや、たたかう兵士《へいし》をあらわしている。

かきじゅん

ノ 𠂆 𠂉 斤 丘 乒 兵

7画《かく》

ことばのれい

兵力《へいりょく》・兵士《へいし》・兵隊《へいたい》・兵器《へいき》・水兵《すいへい》・出兵《しゅっぺい》・兵糧《ひょうろう》・兵庫県《ひょうごけん》

くんよみ
わか-れる

おんよみ
ベツ

別

むかしのかん字

はやわかり となえことば

ほねの関節《かんせつ》
刀《かたな》で切《き》って
別《べっ》べつに

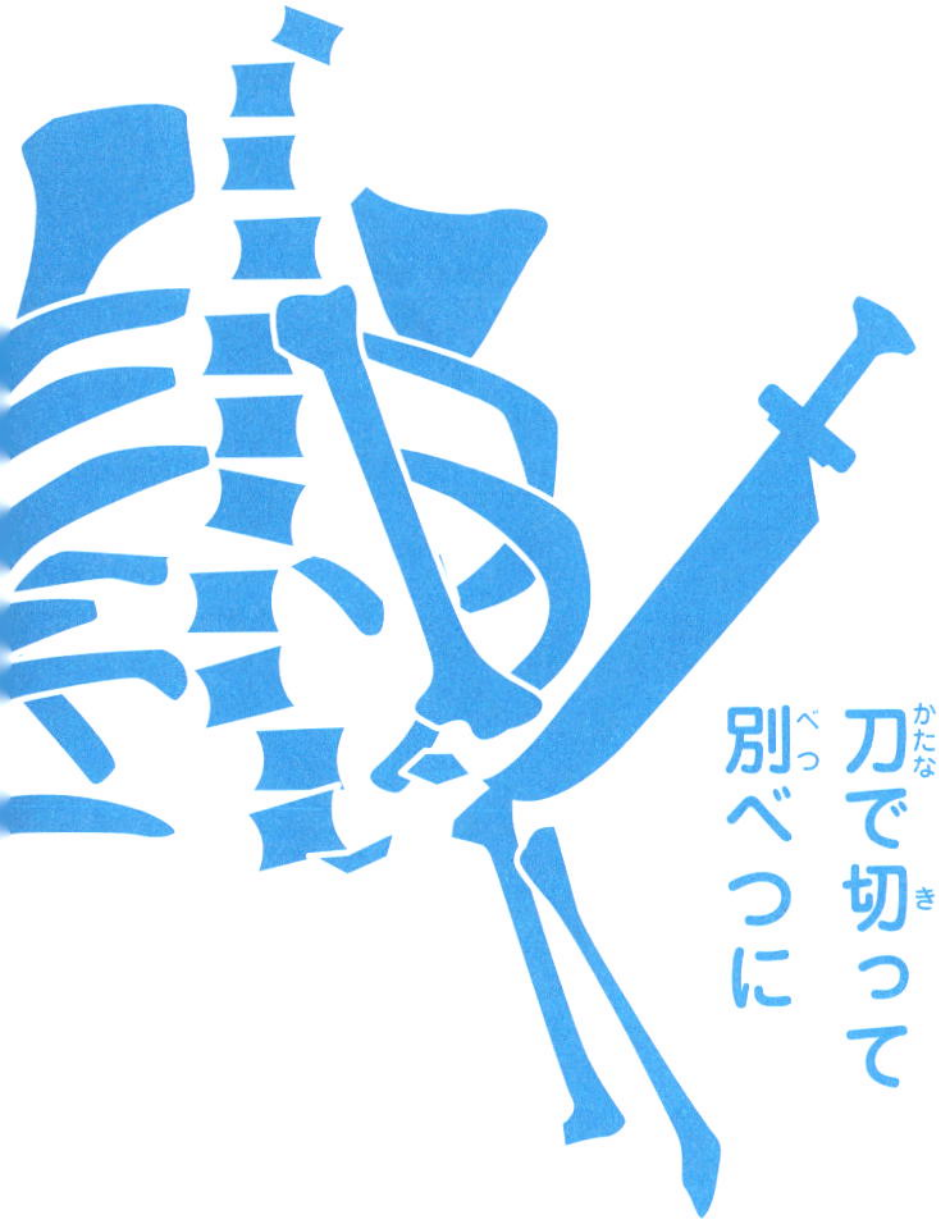

なりたち

別《わか-れる・ベツ》の、むかしの漢字《かんじ》を見《み》てごらん。

左《ひだり》のは、人《ひと》のむねから上《うえ》の骨《ほね》の形《かたち》なんだ。は、刀《かたな》の形《かたち》。

別《ベツ》のなりたちは、亡《な》くなった人《ひと》のお骨《こつ》を、関節《かんせつ》のところで切《き》りはなすこと。

いまは、いろいろなものを区別《くべつ》することや、人《ひと》と人《ひと》とが別《わか》れることに使《つか》われる。

かきじゅん

丨 ロ 口 号 另 別 別

7画《かく》

ことばのれい

別《わか》れ・別人《べつじん》・別名《べつめい》・別室《べっしつ》・区別《くべつ》・差別《さべつ》・格別《かくべつ》・送別会《そうべつかい》

くんよみ

あた-り・べ

辺

おんよみ

ヘン

むかしのかん字

（邊）

はやわかり　となえことば

国《くに》ざかい
どくろのまじない
辺《へん》の文字《もじ》

なりたち

古代《こだい》の人《ひと》びとは、よその地《ち》には悪霊《あくりょう》がすむと考《かんが》えた。それで、国《くに》ざかいにはまよけをおいた。

辺《あた-り・ヘン》は、国《くに》ざかいにおいた、どくろ（しゃれこうべ）のまじないだ。

辺《ヘン》の、もとの字《じ》は邊。自《じ》ははな、どくろは、はなの穴《あな》がめだつからね。⻌（しんにょう）は、道《みち》を行《い》くことをあらわす。

そこから辺《ヘン》（邊）は、国《くに》ざかいや土《と》地《ち》のはしっこをあらわす字《じ》になった。

かきじゅん

5画《かく》

ことばのれい

辺《あた》り・海辺《うみべ》・辺境《へんきょう》・周辺《しゅうへん》・近辺《きんぺん》

変

くんよみ
か-わる

おんよみ
ヘン

むかしのかん字

（變）

はやわかり　となえことば

ちかったことをやぶって変《か》える変《へん》の文字《もじ》

なりたち

変《か-わる・ヘン》のなりたちは、神《かみ》にちかったことをうちけすための儀式《ぎしき》なんだ。変《ヘン》の、もとの字《じ》は變。言《げん》や糸《いと》の形《かたち》があるよ。

むかしの漢字《かんじ》を見《み》てごらん。は、神《かみ》へのちかいのことばを入《い》れたうつわに、まじないの糸《いと》かざりをつけた形《かたち》。は、手《て》にぼうを持《も》って、ものを打《う》ちつける形《かたち》。

変《ヘン》（變）は、神《かみ》にちかったことをやぶって変《か》える儀式《ぎしき》からできた字《じ》だ。

かきじゅん　9画《かく》

丶 亠 ナ 亣 亦 亦 亦 亦 変

ことばのれい

変《か》わり目《め》・変化《へんか》・変身《へんしん》・変人《へんじん》・急変《きゅうへん》

くんよみ たよ−り

便

おんよみ ベン・ビン

むかしのかん字

はやわかり となえことば

むちで打《う》ち したがわせるのが 便《べん》の文字《もじ》

なりたち

便《たよ−り・ベン》は、亻（にんべん）と更《こう》とに分《わ》けられる字《じ》。

更《こう》には「変《か》える」という意味《いみ》がある。もともとは、むちで打《う》ちつける形《かたち》の字《じ》だった。にんべんは、人《ひと》だね。

便《ベン》は、ビシビシやって、人《ひと》をつごうよく便利《べんり》に使《つか》うことをあらわした字《じ》。

いまは、手紙《てがみ》（便《たよ》り）の意味《いみ》にも使《つか》われる。

かきじゅん 9画《かく》

ノ 亻 仁 仃 佰 佰 佰 便 便

ことばのれい

便《たよ》り・便利《べんり》・便所《べんじょ》・便器《べんき》・便乗《びんじょう》・大便《だいべん》・郵便《ゆうびん》・船便《ふなびん》・航空便《こうくうびん》

くんよみ　つつ-む

おんよみ　ホウ

包

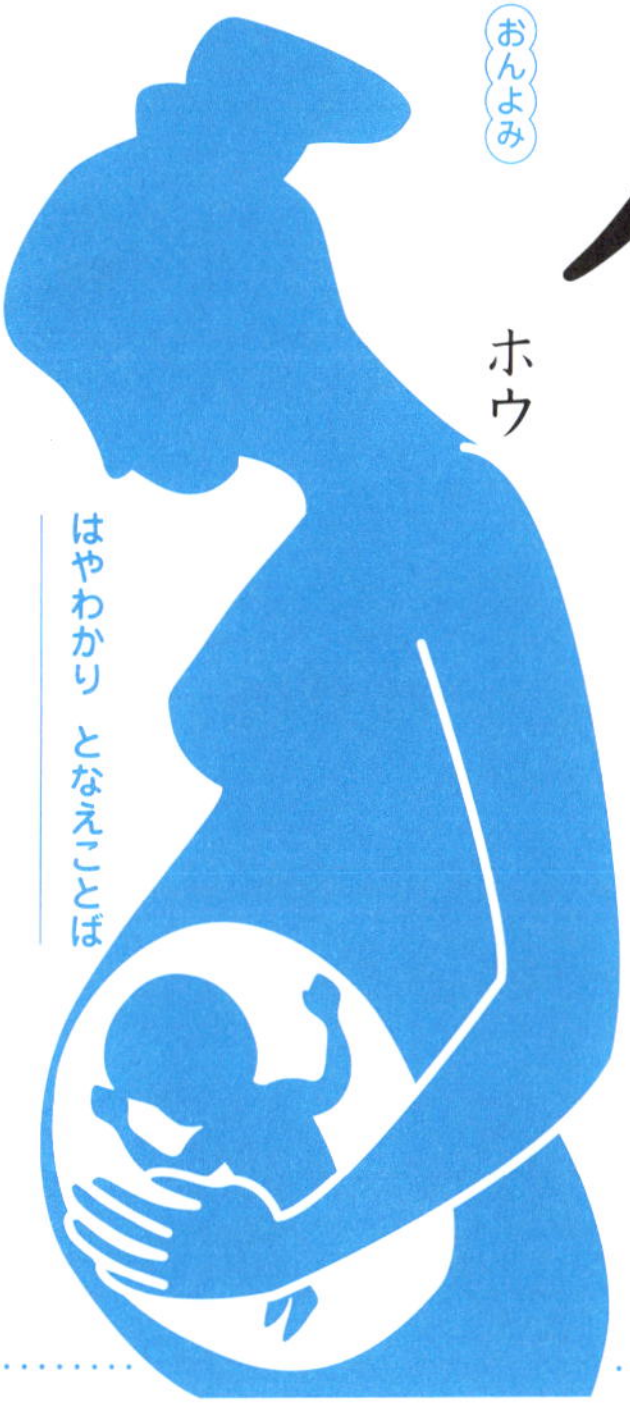

むかしのかん字

はやわかり　となえことば

おなかのなかに
赤《あか》ちゃんがいるよ
包《つつ》むの字《じ》

なりたち

包《つつーむ・ホウ》は、「つつむ」という字《じ》。もともとは、おかあさんのおなかに赤《あか》ちゃんができることをあらわした。
それが、むかしの漢字《かんじ》の形《かたち》だよ。
赤《あか》ちゃんが、包《つつ》まれるように、おなかのなかにいるんだね。

かきじゅん

ノ　勹　勺　匀　包

5画《かく》

ことばのれい

包《つつ》み紙《がみ》・小包《こづつみ》・包帯《ほうたい》・包囲《ほうい》・包容力《ほうようりょく》

くんよみ

法

おんよみ

ホウ・（ハッ）

むかしのかん字

なりたち

法《ホウ》の、もとの字《じ》は灋。古代《こだい》の裁判《さいばん》は、神《かみ》に勝《か》ち負《ま》けをきめてもらうものだった。あらそう人《ひと》と人《ひと》とが、それぞれ、廌《たい》という羊《ひつじ》にたけい、ものをささげて裁判《さいばん》をし、どちらの言《い》いぶんが本当《ほんとう》かを決《き》めた。負《ま》けたほうは、廌《たい》といっしょに水《みず》に流《なが》されるという決《き》まりだった。法《ホウ》（灋）は、それをあらわした字《じ》だ。

かきじゅん

8画《かく》

、 冫 氵 汇 汁 汢 法 法

ことばのれい

法律《ほうりつ》・法則《ほうそく》・法令《ほうれい》・法案《ほうあん》・法事《ほうじ》・方法《ほうほう》・魔法《まほう》・文法《ぶんぽう》・ご法度《はっと》

はやわかり　となえことば

さいばんに負《ま》けたら水《みず》に流《なが》される法《ほう》

望

くんよみ

のぞ-む

おんよみ

ボウ・(モウ)

むかしのかん字

はやわかり　となえことば

せのびして　遠《とお》くを望《のぞ》んで見《み》る形《かたち》

なりたち

望《のぞ-む・ボウ》の、むかしの漢字《かんじ》を見《み》てごらん。大《おお》きく目《め》をあけて、つまさきで立《た》って、遠《とお》くを見《み》る人《ひと》のすがただよ。古代《こだい》のいくさでは、このようにして敵《てき》のようすをさぐったり、敵《てき》をにらみつけてまじないをかけたりすることがおこなわれた。

は、→→望《ボウ》と、形《かたち》をかえた。「遠《とお》くを望《のぞ》み見《み》ること」という意味《いみ》の字《じ》だ。

かきじゅん

11画《かく》

ことばのれい

高望《たかのぞ》み・望遠鏡《ぼうえんきょう》・一望《いちぼう》・希望《きぼう》・願望《がんぼう》・人望《じんぼう》・失望《しつぼう》・本望《ほんもう》

くんよみ

牧

（まき）

おんよみ

ボク

はやわかり　となえことば

牧場《ぼくじょう》で　木《き》の枝《えだ》をもち　牛《うし》をおう

むかしのかん字

なりたち

牧《まき・ボク》は、牛《うし》と攵（攴《ぼく》・むちづくり）をあわせた字《じ》。攵（攴《ぼく》）は、手《て》に木《き》のえだなどを持《も》つ形《かたち》。だから、牧《ボク》は、牛《うし》をむちで追《お》いたてることをあらわしているよ。牧場《ぼくじょう》（まきば）では、むかしからそんなふうにして、牛《うし》をはなしがいにして育《そだ》てた。

かきじゅん　8画《かく》

ノ ㇐ 牛 牛 牜 牜 牧 牧

ことばのれい

牧場《まきば》・牧場《ぼくじょう》・牧草《ぼくそう》・放牧《ほうぼく》・遊牧《ゆうぼく》

くんよみ　すえ

末

おんよみ　マツ

むかしのかん字

はやわかり　となえことば

木《き》の末《すえ》は ここだと しるしの線《せん》を引《ひ》く

なりたち

末《すえ・マツ》の、むかしの漢字《かんじ》を見《み》てごらん。木《き》の上《うえ》のところに点《てん》を打《う》って、「すえ（末端《まったん》）はここだよ」としめした形《かたち》だよ。末《マツ》は、先《さき》のほうや、はしっこや、終《お》わりをあらわす字《じ》だ。

！むかしの漢字《かんじ》をくらべてみよう。本《もと》は、「木《き》のねもとはここだよ」としめした形《かたち》。

末《すえ》

本《もと》

かきじゅん　5画《かく》

ことばのれい

末《すえ》っ子《こ》・末広《すえひろ》がり・行《ゆ》く末《すえ》・末日《まつじつ》・末路《まつろ》・月末《げつまつ》・期末《きまつ》・週末《しゅうまつ》・始末《しまつ》

くんよみ

満

みーちる

おんよみ

マン

むかしのかん字

（滿）

はやわかり　となえことば

もともとは
満《み》ちあふれる水《みず》
満《まん》の文字《もじ》

なりたち

満《みーちる・マン》のもとの字《じ》は滿で、氵（さんずい）と㒼《マン》の字《じ》だよ。㒼《マン》は、ししゅうをいっぱいほどこした、ひざかけの形《かたち》。とくべつなときに使《つか》ったひざかけで、ぬの全体《ぜんたい》にかざりもようがみちみちている。㒼《マン》に氵（さんずい）をつけた滿《マン》（満）は、みちあふれるほどに水《みず》がたっぷりあること。

かきじゅん　12画《かく》

、 冫 氵 氵一 汁 汫 洪 洪 湍 満 満 満

ことばのれい

満《み》ち潮《しお》・満員《まんいん》・満開《まんかい》・満足《まんぞく》・円満《えんまん》・不満《ふまん》・未満《みまん》

くんよみ

未

おんよみ

ミ

はやわかり　となえことば

木《き》の枝《えだ》が
まだまだのびそう　未《み》の文字《もじ》だ

むかしのかん字

なりたち

未《み》は、枝葉《えだは》がしげる木《き》の形《かたち》で、えだの先《さき》のこれからのびていくところをあらわす。

いまは、「まだ〜でない」という意《い》味《み》に使《つか》われる字《じ》。

！「未《み》」と「末《すえ》」は、まちがえやすいよ。

未《み》……下《した》の横線《よこせん》が長《なが》い。

末《すえ》……上《うえ》の横線《よこせん》が長《なが》い。

（くわしくは、184ページを見てね）

かきじゅん　5画《かく》

一　二　キ　丰　未

ことばのれい

未来《みらい》・未開《みかい》・未知《みち》・未満《みまん》・未定《みてい》・未完成《みかんせい》・未成年《みせいねん》

くんよみ
民
（たみ）

おんよみ
ミン

むかしのかん字

はやわかり　となえことば
神《かみ》につかえる
盲目《もうもく》の人《ひと》
あらわした民《みん》

なりたち

三千年《さんぜんねん》以上《いじょう》もまえの話《はなし》だよ。よそからとらえられてきた人《ひと》が、目《め》をつぶされ、神《かみ》につかえる人《ひと》（しもべ）になった。そうした人《ひと》を民《ミン》といった。民《ミン》のむかしの漢字《かんじ》は、目《め》をはりのようなものでさしている形《かたち》。やがて民《ミン》は、君主《くんしゅ》につかえる人《ひと》をあらわすようになり、いまでは、一般《いっぱん》の人《ひと》びとをあらわす字《じ》になった。

かきじゅん
5画《かく》
ㄱ ㄱ 尸 民 民

ことばのれい
民家《みんか》・民間《みんかん》・民宿《みんしゅく》・民族《みんぞく》・民話《みんわ》・住民《じゅうみん》・農民《のうみん》・市民《しみん》・国民《こくみん》

無

くんよみ　な-い

おんよみ　ム・ブ

むかしのかん字

はやわかり　となえことば

そでをふり　舞《ま》う人《ひと》のすがたが　無《む》につかわれた

なりたち

無《な-い・ム》は、そでをひるがえして舞《ま》う（おどる）人《ひと》のすがたからできた字《じ》だ。そでかざりのついた衣装《いしょう》を着《き》ているよ。それが、ある・ないの「ない」に使《つか》われた。「ないこと」を形《かたち》でかきあらわすことはできないから、この字《じ》をかりて使《つか》ったんだ。

！無《む》に、おどる足《あし》の形《かたち》（舛）をくわえて、おどる舞《まい》の字《じ》が作《つく》られた。

かきじゅん　12画《かく》

ことばのれい

文無《もんな》し・無言《むごん》・無人島《むじんとう》・無理《むり》・無断《むだん》・無限大《むげんだい》・無我夢中《むがむちゅう》・無事《ぶじ》・無礼《ぶれい》

音《おん》よみが「ヤ行《ぎょう》」「ラ行《ぎょう》」の漢字《かんじ》

くんよみ

約

おんよみ

ヤク

はやわかり　となえことば

糸《いと》やなわ
むすんで
かたく
約束《やくそく》をする

むかしのかん字

なりたち

むかし、なにかを約束《やくそく》をするときには、糸《いと》やなわをむすんで、約束《やくそく》のしるしにしたのだという。

約《ヤク》は、それをあらわした字《じ》。糸（いとへん）と勺《シャク》だよ。勺《シャク》は、くねっと曲《ま》がったひしゃくという道具《どうぐ》の形《かたち》で、ここでは、糸《いと》やなわを曲《ま》げたり、まるめたりすることをしめしている。

！「約束《やくそく》」の束《そく》のなりたちは、148ページを見《み》てね。

かきじゅん　9画《かく》

ㄑ 幺 幺 糸 糸 糸 糸 約 約

ことばのれい

約分《やくぶん》・予約《よやく》・公約《こうやく》・集約《しゅうやく》・要約《ようやく》

くんよみ

勇

いさ-む

おんよみ

ユウ

むかしのかん字

はやわかり　となえことば

わき水《みず》のように
力《ちから》がわいて
勇《いさ》ましい

なりたち

勇《いさ-ましい・ユウ》は、おけの形《かたち》の甬《ヨウ》と力《りょく》をあわせた字《じ》だよ。

甬《ヨウ》は、水《みず》をくむおけの形《かたち》だけど、井《い》戸《ど》水《みず》のわきでることをあらわすようだ。

力《りょく》は、田畑《たはた》をたがやすすきの形《かたち》。

勇《ユウ》は、水《みず》がいきおいよくわきでるように、田畑《たはた》をたがやす力《ちから》があふれでることをあらわした字《じ》。

かきじゅん

9画《かく》

ことばのれい

勇《いさ》ましい・勇《いさ》み足《あし》・勇気《ゆうき》・勇者《ゆうしゃ》・勇士《ゆうし》・勇姿《ゆうし》

くんよみ かなめ・（い-る）

要

おんよみ ヨウ

むかしのかん字

はやわかり となえことば

腰《こし》という字《じ》の もとの形《かたち》が 要《よう》の字《じ》だ

なりたち

要《ヨウ》は、こし（腰《こし》）をあらわす字《じ》だった。女《おんな》の人《ひと》のこしぼねの形《かたち》からできた字《じ》だよ。

こしは、人間《にんげん》の体《からだ》にとって、とてもだいじなところだ。それで要《ヨウ》は、「かなめ」（もっともたいせつな部分《ぶぶん》）という意味《いみ》に使《つか》われるようになった。

！要《よう》に、体《からだ》をあらわす月（にくづき）をくわえて、あとから腰《こし》の字《じ》が作《つく》られた。

かきじゅん

9画《かく》

ことばのれい

要所《ようしょ》・要因《よういん》・要素《ようそ》・要求《ようきゅう》・要望《ようぼう》・重要《じゅうよう》・主要《しゅよう》・不要《ふよう》・法要《ほうよう》

くんよみ　やしな-う

養

おんよみ　ヨウ

むかしのかん字

はやわかり　となえことば

もともとは　羊《ひつじ》をかうこと　養《やしな》うこと

なりたち

養《やしなう・ヨウ》は、いまの漢字《かんじ》では、羊《ひつじ》と食《しょく》があわさった字《じ》だ。

でも、むかしの漢字《かんじ》では、羊《ひつじ》（　）と、手《て》にぼうのようなものを持《も》っている形《かたち》（　）が書《か》かれている。羊《ひつじ》をまきばで追《お》うようすだよ。

養《ヨウ》は、羊《ひつじ》をかうことからできた字《じ》で、食《た》べものなどをあたえて育《そだ》てるという意味《いみ》だ。

かきじゅん　15画《かく》

養

ことばのれい

養育《よういく》・養分《ようぶん》・養子《ようし》・休養《きゅうよう》・栄養《えいよう》・教養《きょうよう》・静養《せいよう》

くんよみ

浴

あ-びる

おんよみ

ヨク

むかしのかん字

はやわかり　となえことば

水《みず》を浴《あ》び体《からだ》をきよめる　浴《よく》の文字《もじ》

なりたち

浴《あ-びる・ヨク》の、むかしの漢字《かんじ》を見《み》てごらん。人《ひと》が水浴《みずあ》びをしているところだよ。儀式《ぎしき》のまえに水《みず》をあびて、体《からだ》をきよめているんだ。

浴《ヨク》の字《じ》の谷《コク》は、もともとは「たに」とはべつの字《じ》で、いのりの儀式《ぎしき》をあらわす。

浴《ヨク》のなりたちは、おいのりのまえに水《みず》を浴《あ》びて、体《からだ》をきよめること。

かきじゅん　10画《かく》

、 冫 氵 氵 汃 汃 汵 浴 浴 浴

ことばのれい

水浴《みずあ》び・浴室《よくしつ》・大浴場《だいよくじょう》・入浴《にゅうよく》・海水浴《かいすいよく》・森林浴《しんりんよく》

くんよみ

(きーく)

利

おんよみ

リ

むかしのかん字

はやわかり となえことば

イネ（禾）を 刃物《はもの》で かりとって もうけることを あらわす利《り》

なりたち

利《り》は、禾《か》（イネ）とリ（りっとう）をあわせた形《かたち》だよ。

リ（りっとう）は、刀《かたな》。

利《り》は、イネ（禾《か》）を刀《かたな》（リ）でかりとる形《かたち》。こくもつを収穫《しゅうかく》して、もうけることをあらわしている。

イネをかりとる刀《かたな》はよく切《き》れるので、利《り》には「するどい」という意味《いみ》もある。

かきじゅん 7画《かく》

ノ ニ 千 禾 禾 和 利

ことばのれい

左利《ひだりき》き・利用《りよう》・利点《りてん》・利口《りこう》・利益《りえき》・利息《りそく》・便利《べんり》・有利《ゆうり》・営利《えいり》

くんよみ

陸

おんよみ

リク

むかしのかん字

はやわかり　となえことば

テントをはって 神《かみ》をむかえる ところが陸《りく》

なりたち

陸《リク》は、阝（こざとへん）と坴《リク》だよ。阝は、「はしご」をあらわす形《かたち》。阝→阝→阝と、形《かたち》をかえたよ。このはしごを使《つか》って、天《てん》の神《かみ》がのぼりおりすると、むかしの人《ひと》は考《かんが》えたんだ。坴《リク》は、神《かみ》をむかえるためのテント（六）が二《ふた》つある形《かたち》。陸《リク》のもともとの意味《いみ》は、神《かみ》をむかえるところという意味《いみ》だ。

かきじゅん　11画《かく》

フ 了 阝 阝一 阝十 阝土 阝圥 阝坴 陸 陸 陸

ことばのれい

陸地《りくち》・陸上《りくじょう》・大陸《たいりく》・上陸《じょうりく》・着陸《ちゃくりく》

くんよみ

良

よ-い

おんよみ

リョウ

はやわかり　となえことば

良《よ》い米《こめ》をえらぶ道具《どうぐ》が　良《りょう》の文字《もじ》

むかしのかん字

なりたち

良《よ-い・リョウ》のむかしの漢字《かんじ》は、ちょっとおもしろい形《かたち》だよ。

上《うえ》からお米《こめ》などのこくもつを入《い》れて、下《した》から出《だ》す道具《どうぐ》なんだ。

こくもつは、実《み》のつまったつぶと、そうでないつぶができる。それをより分《わ》けるための道具《どうぐ》だ。

良《よ》い実《み》をえらびだすものだから、「よい」という意味《いみ》の字《じ》になった。

かきじゅん　7画《かく》

丶 ㇒ ㇆ ㇌ 乍 自 良

ことばのれい

良好《りょうこう》・良心《りょうしん》・良質《りょうしつ》・不良《ふりょう》・最良《さいりょう》・改良《かいりょう》・善良《ぜんりょう》

くんよみ

料

おんよみ
リョウ

むかしのかん字

はやわかり　となえことば

お米《こめ》を
ます（斗）で
はかる料《りょう》

なりたち

料《リョウ》は、米《こめ》と斗《と》（はかりのます）とを組《く》みあわせた形《かたち》。お米などを、ますではかることをあらわしている。

料《リョウ》は、ものをはかることや、ものの材料《ざいりょう》という意味《いみ》の字《じ》だ。

！料《りょう》（米《こめ》＋斗《と》）は、はかること。
科《か》（禾《か》＋斗《と》）は、はかり分《わ》けること。

かきじゅん　10画《かく》

丶　丷　䒑　半　米　米　米　米　料　料

ことばのれい

料理《りょうり》・料金《りょうきん》・飲料《いんりょう》・調味料《ちょうみりょう》・衣料《いりょう》・原料《げんりょう》・材料《ざいりょう》・無料《むりょう》・有料《ゆうりょう》

くんよみ はか-る

量

おんよみ リョウ

むかしのかん字

はやわかり となえことば

こくもつの量《りょう》 ふくろに入《い》れて 量《はか》ります

なりたち

量《はかーる・リョウ》の、むかしの漢字《かんじ》を見《み》てごらん。は、お米《こめ》などのこくもつを入《い》れるふくろの形《かたち》。上《うえ》の○は、こくもつをザザーッと流《なが》し入《い》れるためのそそぎ口《ぐち》。このようにして、こくもつの量《りょう》などをはかった。だから、量《リョウ》は、分量《ぶんりょう》をはかることをあらわすよ。

！重《じゅう》は、ふくろにおもりをつけた形《かたち》の字《じ》。重《おも》さをあらわすよ。

かきじゅん 12画《かく》

ことばのれい

量産《りょうさん》・雨量《うりょう》・音量《おんりょう》・計量《けいりょう》・力量《りきりょう》・大量《たいりょう》・多量《たりょう》・度量《どりょう》

くんよみ　わ

輪

おんよみ　リン

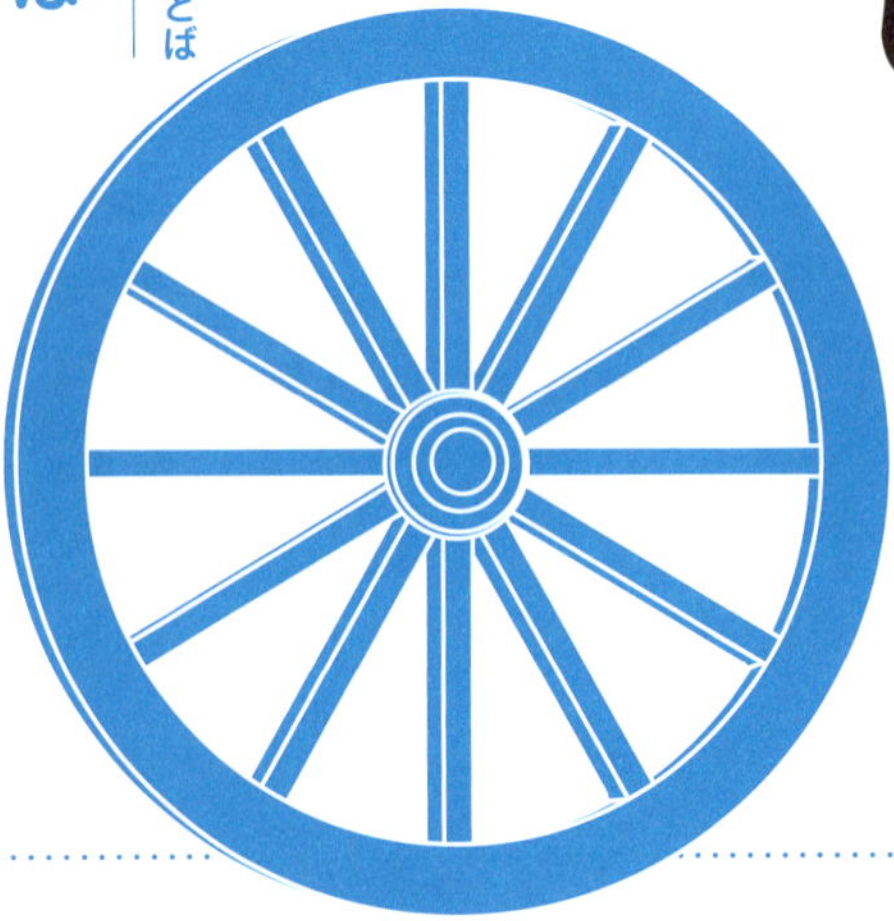

むかしのかん字

はやわかり　となえことば

もともとは　車輪《しゃりん》をあらわす　わっかの輪《わ》

なりたち

輪《わ・リン》は、車《くるま》と侖《リン》とに分《わ》けられるよ。侖《リン》は、わのようにまるくつながっているものをあらわす形《かたち》。輪《リン》は、くるくるまわる車輪《しゃりん》をあらわした字《じ》だ。「わっか」の輪《わ》だね。

かきじゅん　15画《かく》

輪

ことばのれい

輪切《わぎ》り・首輪《くびわ》・指輪《ゆびわ》・輪唱《りんしょう》・年輪《ねんりん》・両輪《りょうりん》・三輪車《さんりんしゃ》

くんよみ

類

たぐ-い

おんよみ

ルイ

はやわかり　となえことば

米《こめ》と犬《いぬ》を
おそなえにした
祭《まつ》りが類《るい》

むかしのかん字

（類）

なりたち

古代中国《こだいちゅうごく》では、天《てん》をまつる祭《まつ》りを「類《るい》」といった。

類《たぐーい・ルイ》の字《じ》を分《わ》けると、米《こめ》と大《だい》と頁《おおがい》（おおがい）。この大《だい》は、もともとは犬《いぬ》だったんだ。

頁（おおがい）は、儀式《ぎしき》で人《ひと》がおがむすがた。

米《こめ》（こくもつ）と犬《いぬ》をおそなえにして、いのりをささげる天《てん》の祭《まつ》りが類《ルイ》。

かきじゅん　18画《かく》

丶 丷 䒑 半 米 米 米 类 类 类 类 类 类 类 類 類 類 類

ことばのれい

類語《るいご》・書類《しょるい》・種類《しゅるい》・人類《じんるい》・分類《ぶんるい》

くんよみ

おんよみ

令

レイ

むかしのかん字

はやわかり　となえことば

ひざまずき　おつげを聞《き》いてる　令《れい》の文字《もじ》

なりたち

令《レイ》は、儀式用《ぎしきよう》のぼうし（礼帽《れいぼう》）をかぶって、ひざまずいている人《ひと》のすがたの字《じ》。

神《かみ》のおつげをうけようとしているところだ。

神《かみ》のおつげ（命令《めいれい》）というのが、令《レイ》のもともとの意味《いみ》。

！命《めい》と令《れい》は、もとは同《おな》じ字《じ》だった。令《れい》に、口《くち》（いのりのことばを入《い》れるうつわの𠙵《サイ》）をあわせた形《かたち》が、命《めい》だ。

かきじゅん　5画《かく》

ノ　人　亽　今　令

ことばのれい

令状《れいじょう》・命令《めいれい》・司令《しれい》・号令《ごうれい》・法令《ほうれい》

冷

くんよみ　ひ-える・さ-める　つめ-たい

おんよみ　レイ

むかしのかん字

はやわかり　となえことば

にすい（冫）は氷《こおり》
冷《さ》めて　冷《ひ》えて
冷《つめ》たいよ

なりたち

冷《ひーえる・レイ》は、冫（にすい）と令《レイ》だよ。令《レイ》は、ここでは、ただレイという音《おん》をあらわすだけの役目《やくめ》。冫（にすい）は、氷《こおり》のかたまりからできた形《かたち》で、こおることや、つめたいことをあらわす形《かたち》。冷《レイ》は、「ひえる」「つめたい」という意味《いみ》の字《じ》だ。

かきじゅん　7画《かく》

、冫冫冫冫冷冷

ことばのれい

冷《ひ》や麦《むぎ》・冷《ひ》え性《しょう》・湯冷《ゆざ》まし・冷蔵庫《れいぞうこ》・冷房《れいぼう》・冷凍《れいとう》・寒冷《かんれい》

くんよみ たと-える

例

おんよみ レイ

はやわかり となえことば

列《れつ》にならべた まよけのまじない 例《れい》の文字《もじ》

むかしのかん字

なりたち

例《レイ》のもともとの意味《いみ》は、悪霊《あくりょう》をよせつけないためのまじないなんだ。

例《たと-える・レイ》は、亻（にんべん）と列《レツ》の字《じ》。列《レツ》は、刀《かたな》（刂）と首《くび》（歹）。地下《ちか》の王《おう》の墓《はか》を悪霊《あくりょう》から守《まも》るために、首《くび》をならべてうめたのだという。

やがて、例《レイ》は、「しきたり」「前例《ぜんれい》」などの意味《いみ》に使《つか》われるようになった。

かきじゅん 8画《かく》

ノ 亻 仁 伢 伢 伢 例 例

ことばのれい

例《たと》え話《ばなし》・例年《れいねん》・例題《れいだい》・例外《れいがい》・一例《いちれい》・前例《ぜんれい》・比例《ひれい》

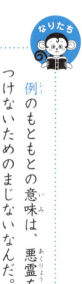

連

くんよみ　つら-なる・つ-れる

おんよみ　レン

むかしのかん字

はやわかり　となえことば

もともとは
荷物《にもつ》をせおって運《はこ》ぶのが連《れん》

なりたち

連《つら-なる・レン》は、車《くるま》と辶（しんにょう）だよ。

この車《くるま》は、しょいこ（荷物《にもつ》をせおうための道具《どうぐ》）をあらわす輦《レン》という字《じ》をかんたんにした形《かたち》。

だから、連《レン》のもともとの意味《いみ》は、荷物《にもつ》をせおって運《はこ》ぶこと。

辶（しんにょう）は、「行《い》く」「すすむ」という意味《いみ》をあらわす。

連《レン》が「つらなる」という意味《いみ》になったのは、聯《レン》という別《べつ》の字《じ》のかわりに使《つか》われたためなんだ。

かきじゅん　10画《かく》

一 厂 戸 戸 百 亘 車 𨊂 𨊂 連

ことばのれい

連《つら》なり・道連《みちづ》れ・連休《れんきゅう》・連絡《れんらく》・連続《れんぞく》

くんよみ　おーいる・（ふーける）

老

おんよみ　ロウ

むかしのかん字

はやわかり　となえことば

かみの毛《け》の長《なが》い老人《ろうじん》　あらわす老《ろう》

なりたち

老《おーいる・ロウ》は、おとしよりをあらわした字《じ》。むかしの漢字《かんじ》を見《み》てごらん。（耂・おいかんむり）は、かみの毛《け》の長《なが》い長老《ちょうろう》（おとしより）のすがただよ。匕《か》は、人《ひと》が亡《な》くなることをあらわした形《かたち》。ここでは、死《し》に近《ちか》いことをあらわしている。

かきじゅん　一 十 土 耂 耂 老　6画《かく》

ことばのれい　老《お》い・老人《ろうじん》・老化《ろうか》・老眼《ろうがん》・老若男女《ろうにゃくなんにょ》・長老《ちょうろう》・家老《かろう》・初老《しょろう》

くんよみ

労

おんよみ

ロウ

むかしのかん字

（勞）

はやわかり　となえことば

かがり火《び》で　すき（力）をきよめた　ぎしきが労《ろう》

なりたち

労《ロウ》の、もとの字《じ》は勞。炏と力《りょく》（たがやす道具《どうぐ》のすき）をあわせた形《かたち》だった。

炏には、火《ひ》がふたつあるね。この火《ひ》は、庭《にわ》をてらすかがり火《び》をあらわしている。

すき（力）を火《ひ》できよめて、作物《さくもつ》に虫《むし》がつかないようにいのったのが、労《ロウ》（勞）のなりたちだ。

それがやがて、「ほねをおってはたらくこと」をあらわす字《じ》になった。

かきじゅん　7画《かく》

丶　丷　⺍　𭕄　⺍冖　学　労

ことばのれい

労働《ろうどう》・労力《ろうりょく》・労作《ろうさく》・苦労《くろう》・過労《かろう》

くんよみ

録

おんよみ

ロク

むかしのかん字

（錄）

はやわかり　となえことば

金属《きんぞく》の　うつわに　きざんで　記録《きろく》する

なりたち

ものごとを伝《つた》えのこすために書《か》きしるすことを「記録《きろく》」という。

録《ロク》は、むかし、青銅器《せいどうき》（金属《きんぞく》のうつわ）に、文字《もじ》をきざんだことからできた字《じ》だ。それで、金（かねへん）なんだね。

录《ロク》のもとの形《かたち》は彔で、あなをあけるきりの形《かたち》。ここでは、文字《もじ》をきざみつけることをあらわしている。

かきじゅん　16画《かく》

ノ 𠆢 亼 仒 仐 伞 余 金 釒 釕 釕 鈩 録 録

ことばのれい

録画《ろくが》・録音《ろくおん》・記録《きろく》・付録《ふろく》・住所録《じゅうしょろく》

音《おん》訓《くん》さくいん

★知《し》りたい漢字《かんじ》のページを、ここで調《しら》べることができます。
★数字《すうじ》は、その漢字《かんじ》がのっているページです。
★ひらがなは「訓《くん》よみ」、カタカナは「音《おん》よみ」です。
★たとえば「あ・げる」というように、線《せん》があるものは、線《せん》のうしろが「おくりがな」です。
★（　）にかいてあるものは、小学校《しょうがっこう》では習《なら》わないよみです。

あ

い

う

え

むかしの漢字《かんじ》（4年生の202字）

うすい色《いろ》で、いまの漢字《かんじ》が入《はい》っているところは、白川博士《しらかわはかせ》の字書《じしょ》にむかしの漢字《かんじ》がない文字《もじ》です。

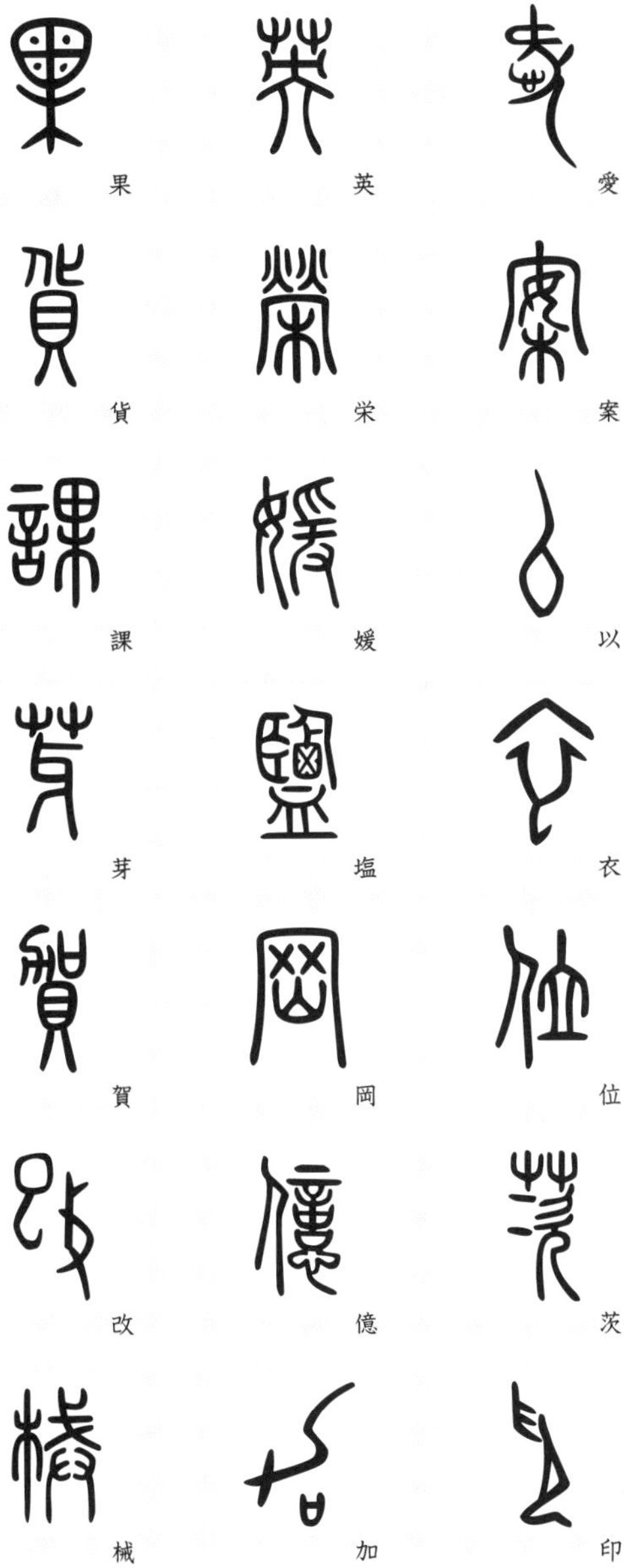

挙	旗	管	害
漁	器	関	街
共	機	観	各
協	議	願	覚
鏡	求	岐	潟
競	泣	希	完
極	給	季	官

菜　功　芸　熊

最　好　欠　訓

埼　香　結　軍

材　候　建　郡

崎　康　健　群

昨　佐　験　径

札　差　固　景

刷
察
参
産
散
残
氏
司
試
児
治
滋
辞
鹿
失
借
種
周
祝
順
初
松
笑
唱
焼
照
城
縄

続 選 席 臣
卒 然 積 信
孫 争 折 井
帯 倉 節 成
隊 巣 説 省
達 束 浅 清
単 側 戦 静

梅	徳	典	置
博	栃	伝	仲
阪	奈	徒	沖
飯	梨	努	兆
飛	熱	灯	低
必	念	働	底
票	敗	特	的

無
法
副
標
約
望
兵
不
勇
牧
別
夫
要
末
辺
付
養
満
変
府
浴
未
便
阜
利
民
包
富

陸

良

料

量

輪

類

令

冷

例

連

老

労

録

おとなの方へ

☆この本には、二〇二〇年・新学習指導要領（小学校国語）にもとづく四年生の配当漢字・二〇二字がおさめられています。

☆配当漢字表とおなじ、音読みのアイウエオ順（一部の漢字は訓読み）に配列した構成となっています。

☆本書の古代文字は、白川静『新訂 字統』（平凡社）を参考に、金子都美絵がかきおこしたものです。甲骨文字・金文・篆文のなかから、なりたちが理解しやすいものを選んでいます。古代文字の資料が白川字書にない文字については、「むかしのかん字」は空欄になっています。

☆大きな見出し字についている訓読み・音読みのうち、（　）内は中学校以上でならう読み方です。

☆部首の分類方法は、辞書や教科書によって少しずつ異なります。また、部首名についても、たとえば、⻌は「しんにゅう」「しんにょう」、攵は「ぼくにょう」「のぶん」「むちづくり」、行は「ぎょうがまえ」「ゆきがまえ」など、いくつかの呼び名が使われているものがあります。

シリーズ主要参考文献

白川静『新訂 字統』『字通』『常用字解』（平凡社）

宮下久夫・篠崎五六・伊東信夫・浅川満「漢字がたのしくなる本」シリーズ（太郎次郎社エディタス）

☆著者紹介

伊東信夫 ……いとう・しのぶ

漢字研究家、教育実践者。一九二六年、山形県生まれ。
一九四七年から九一年まで、長く教職にたずさわる。
六〇年代より、研究者と教師の共同研究をもとに、
「漢字」「かな文字」学習の体系化をはじめとする実践的方法論を探究。
つねに子どものまえに立ち、多くの教材を創案してきた。
八〇年代後半より白川文字学に学び、また直接教えを受け、
通時性をもつ豊かな漢字の世界を伝えるために研究をつづける。
著書に『成り立ちで知る 漢字のおもしろ世界』全七巻（スリーエーネットワーク）、
『あいうえおあそび』上下巻、「漢字がたのしくなる本」全シリーズ（共著）、
『漢字はみんな、カルタで学べる』（以上、小社刊）などがある。

金子都美絵 ……かねこ・つみえ

イラストレーター。民話や神話を題材にした絵画作品を数多く制作。

二〇〇〇年頃より白川静氏に私淑し、古代の漢字世界を描きはじめる。

影絵的な手法で「文字の場面」を表現する独自のスタイルを確立。代表作として
『〔白川静の絵本〕サイのものがたり』『〔白川静の絵本〕死者の書』（以上、平凡社）、

『絵で読む漢字のなりたち』『〔文字場面集〕一字一絵』（以上、小社刊）がある。

書籍・教具の絵の仕事に『漢字がたのしくなる本』（テキスト）全六巻、

『新版101漢字カルタ』『新版98部首カルタ』（以上、小社刊）など。

白川静文字学に学ぶ
漢字なりたちブック　4年生［改訂版］

二〇一八年十二月一日　初版発行
二〇二五年五月十五日　第六刷発行

著者　伊東信夫
絵　金子都美絵
デザイン　後藤葉子
発行所　株式会社　太郎次郎社エディタス
東京都文京区本郷三-四-三-八階　郵便番号一一三-〇〇三三
電話　〇三（三八一五）〇六〇五　ファックス　〇三（三八一五）〇六九八
http://www.tarojiro.co.jp/　電子メール　tarojiro@tarojiro.co.jp
編集担当　北山理子
組版　滝澤博（四幻社）
印刷・製本　精興社
定価　カバーに表示してあります

ISBN978-4-8118-0574-0　C6081